Hayot sadosidagi ilm

Kocherova Umida

Hayot sadosidagi ilm

By: Kocherova Umida

Edition: September '2025
Publisher:
Taemeer Publications LLC (Michigan, USA / Hyderabad, India)

ISBN 978-93-6908-057-1

Book	:	**Hayot sadosidagi ilm**
Editor	:	Kocherova Umida
Publisher	:	Taemeer Publications
Year	:	'2025
Pages	:	124
Title Design	:	*Taemeer Web Design*

Hayot sadosidagi ilm.

Farmatsevtika tanloviga aylangan men.....
Kocherova Umida
Anvarovna

Kirish.

Insoniyat taraqqiyoti davomida ilm-fan eng buyuk tayanch va kuch manbai bo‘lib kelgan. Har bir yangi bilim, har bir kashfiyot inson salomatligi va farovonligini ta’minlash yo‘lida muhim qadamlardan biridir. Men hamshiralik sohasida ilk bilimlarimni olib, tibbiyotning inson hayotidagi beqiyos o‘rnini chuqur his qilgan edim va shu yo’lda davom etaman degan edim.Taqdir taqozosi bilan esa hayot yo’llar meni o’zim bilmagan holda Farmasevtika olamiga oxistalik bilan olib kirib qo’ydi. Bu olam shu qadar qiaiqarki ediki shu olamda yurganimdan xatto ilmiy izlanishlarimni farmasevtika sohasi sari davom ettirdim. Bugun men bu yo‘lda o‘z hayotimning yangi ma’nosini va kasbiy izlanishlarimning chinakam yo‘nalishini topdim. Bu sohaga qiziqishim juda ham ortgan. Bu olam juda cheksizlikda ilm dengizi kabidir. Men esa shu dengizda butun umr suzmoqlikni niyat qildim.

Farmasevtika — bu nafaqat dorilarni ishlab chiqish, balki jamiyat salomatligini ta’minlash, inson umrini uzaytirish va hayot sifatini yaxshilashga xizmat qiluvchi fundamental sohadir. Bu yo‘nalishda o‘qish va izlanish jarayonida men ilmning inson hayoti uchun naqadar zarurligini, farmasevtikaning jamiyat taraqqiyotidagi strategik o‘rnini yanada chuqur angladim.

"Hayot sadosidagi ilm" nomli ushbu kitobimda publisistik va ilmiy maqolalar jamlanib, farmasevtika sohasi, uning bugungi kundagi muammolari va istiqbollari, ilmiy izlanishlarning ahamiyati yoritilgan. Ushbu asarim bilan men farmasevtika ilmiga bo‘lgan mehrimni, jamiyat oldidagi mas’uliyatimni va bilim olish zaruriyatini o‘quvchilarga yetkazishni maqsad qildim. "Hayot sadosidagi ilm" kitobimning asl ma’nosi ham shunda farmasevtika olamiga kirishim va shu yergacha kelishim manga o’z hayot yo’limdagi sadosini berdi va ushbu kitob yaralishiga sababchi bo’ldi.Ishonamanki, mazkur kitob farmasevtika sohasi vakillari, talabalar va ilmiy izlanishga qiziqqan barcha kitobxonlar uchun foydali manba bo‘lib xizmat qiladi.

Kocherova Umida
Anvarovna

Kocherova Umida Anvarovna 1996-yil 7-aprel Toshkent viloyati Angren shahrida tug'ilgan. Hozirda Alfraganus Universiteti Tibbiyot fakulteti Farmatsiya yo'nalishi 2-bosqich talabasi. O'zbekiston Xalq demokratik partiyasi a'zosi. Alfraganus Universiteti Talabalar o'z-o'zini boshqarish akademiyasining "Pharm infinity" klub rahbari. Izlanuvchi yoshlar akademiyasi Matbuot bo'limi boshlig'i. "Yangi renessans talabalari", "Zukko izlanuvchi", "Xalq demokratik partiyasi" va Alfranagunus Universiteti Rektorining "Klub rahbari" nomli esdalik ko'krak nishon sohibi. "Yil faoli 2025", "Oltin Qaqnus" nomli medal sohibi. 2024-yil Alfraganus Universiteti Rektori "Yil yetakchisi-2025" shu bilan birga "Yangi Renessans talabalari" nomli antologiyada faol ishtiroki uchun 2025 maxsus statuetka sohibi. Turli xil tanlovlar bo'yicha 35 ta sertifikat, 15 ta diplom, 6 ta faollik yorlig'i, 7 ta guvohnoma, 4 ta tashakkurnoma sohibi. O'zining ilmiy hamda publisistik maqolalari O'zbekiston,Rossiya, Hindiston, Italiya, Kenya, Moldova,AQSH,Fransiya,Turkiya davlat sayt, elektron jurnal va kitoblarida nashr etilgan. Italiya internet saytlarida hamda "Gooegle scholarda" ilmiy maqolalari 100% indekslangan. "Yosh olimlar", "Tibbiyot hamda fan va texnalogiyalar taraqqiyotining dolzarb muammolari" ilmiy-amaliy konferensiyasining faol ishtrokchisi. O'zining qalamiga mansub she'rlari ham bir qancha kitoblarda nashr etilgan.

Maktab davrida o'zining tashabbuskorligi va intiluvchanligi bilan tengdoshlaridan ajralaib turganligi uchun ham sinf sardori bo'lib faoliyat yuritgan. Maktab davrlarining har sinf bosqich yakunlarida a'lo baholarga o'qiganligi uchun bir qancha "Faollik yorlig'i" lari bilan taqdirlangan. Shu qatorda hamma fanlari a'lo bo'lganligi uchun Angren shahar 29-umumiy o'rta ta'lim maktabini a'lo darajali "Qizil attestatsiyaga" tamomlagan. 2012-yil Angren shahar o'rta-maxsus Tibbiyot kollejiga imtiyozli qabul qilingan. Kollej davrida ham o'zining bilimli va zukkoligi tufayli Bialogiya fanidan shahar olimpiada bosqicha 1-o'rinni egallagan va viloyat bosqichida faol ishtirok etgan. 3-yil kollej bosqichlarida ham a'lo baholarga o'qib bir qancha faollik yorlig'lari bilan taqdirlangan. 2015-yil Tibbiyot kollejining barcha fanlarini a'lo bahoga tamomlagan. 2023-yil Toshkent Alfrganus Universitetiga yuqori ball bilan qabul qilindi. Alfrganus Universiteting 1 -2-bosqichlarini barcha fanlarini a'lo bahoga tamomlab Hemis platformasida yuqori ko'rsatgich ko'rsatgan. Hozirda Kocherova Umida Anvarovna Alfrganus Universiteti Tibbiyot fakulteti Farmatsiya yo'nalishi 2-bosqich talabasi bo'lib tahsil oladi va o'zining o'qish yo'nalashiga bog'liq Talabalar o'zini-o'zi boshqarish akademiyasining "Pharm infinity" nomli klubida rahbar va Izlanuvchi yoshlar akademiyasi Matbuot boshlig'i bo'lib faoliyat olib boradi.

Ajdodlardan meros tilim
    o'zbek tilim

Asrlardan chinor kabi ungan sen.
Dillardan tillarga gul misol ko'chgan sen.
Shoirlar qalamida madh bo'lib,
Ona tilimda bajo bo'lgan o'zbek tilim!

****

Sen tufayli mag'rur ko'ksim ko'kka yetgay.
Lug'atingdan burro tilim samo quchgay.
Afsonayu, asarlarda to'lib toshib,
Laparlaru, dostonlarda o'rin topgan o'zbek tilim!

****

Navoiy g'zallarida marjon ila tizilib.
Bobur ruboiylarida mo'nchoq bo'lib terilib.
Temur tuzuklarida qilich misol joy olgan,
O'chmas tarixingda yongan tilim, o'zbek tilim!

****

Mana bugun erk sendadur, hurmat senda.
Zuliyaxonim izdoshlaring bo'ldi ozod elda.
Chaman bo'lib gurkirading o'zbek tilim.
Omon bo'lgin jonu dilim o'zbek tilim!

Kocherova Umida Anvarovna

Qomusimiz madhimizda

Mustaqillikning tug'yoni o'zing.
Inson hurmatining posboni o'zing.
Porloq kelajakning siymosi senda,
Qomusidirsan O'zbekistonning.

****

O'g'il-qizning erki sendadir.
Yoshu-qarining qadri sendadir.
Yurtim ishonchi, xalqim qalqoni,
Kitobda mixlangan qonunlaridir.

****

Misqollab yig'ilgan tarixlaring bor.
O'tmishdan jar slogan izlaring bisyor.

Saralab kelingan har bir so'zlaring.
Konstitutsiya yaraldi bo'lib iftixor.

****

Sen ila mag'rurman sen bilan shodman.
Ko'ksimi kerdim butun jahonga.
So'zlarim uchqurdir, qadamim shaxdam.
Oltinga teng bo'lagan Konstitutsiyam!

Yozilmagan haqiqat

Siz akasiz. Sizning esa ikki singilingiz bor. Kattasi Oysha 18 yosh. Kichigi Xadicha 15 yosh. Ikkalasi ikki xil fe'l ikki xil olam. Oysha juda ham mehribon, zukko, aqlli, dono qiz. Bilimga chanqoqligi tufayli o'qimagan kitobi qolmadi. Oysha har yangi kitob qo'liga olganida uning quvonchi bir olam bo'lib ketadi. Shunday xursand bo'lib ketadiki, xuddi juda katta xazina topib olgandek. Oyshaning qo'lida yangi kitob bo'lsa, unig fikri-hayoli shu kitobni tezroq o'qib, tezroq voqealar qanday yakun topishiga qiziqib ketardi. Shuning uchun ham uy yumushlarini tezroq qilar va bo'sh vaqtini kitob o'qishga ba'g'ishlar edi. Ko'p kitob o'qiganligi sabablimi, Oyshahar doim bir ish qilishdan olni yeti marta o'lchab, bir marta kesardi. Kitobdagi jumlalarni yod olib olganmi yo qalbiga mixlanib qolganmi, Oysha bilan kim suhbatlashsa uni so'zlariga mahliyo bo'lishardi. Oysha bilan bir marta suhbatlashgan odam qayta-qayta suhbatlashgisi kelaveradi. Bir kitobini o'qib tugatsa va o'qishga boshqa yangi kitobi bo'lmasa eski kitoblarini yana qaytadan o'qib mutola qilardi. Kitobdan olgan tasurotlarini esa boshqalarga shunday aytib berardiki xuddi kitobda yozilgan qaxramonlar bilan birga yashab, ularning kechinmalarini boshidan kechirgandek. Oysha kitob o'qisa bir xondon otib kulsa, bir qarasa ko'zidan yoshlar sizib chiqardi. Kitob shu qadar sho'ng'ib ketardiki, chaqirsangiz ham ba'zida eshitmay qolardi. Xonasidagi kitob javoni kitoblarga to'laligidan kitob o'ziga xos xidi xonasidan ufirib turardi. Oysha shunday kitobsevarligi bilan singlisidan tubdan farq qilardi. Xadicha esa opasi Oyshaga zarracha o'xshamagan. Opasining aksi. Xadicha opasiga uy-yumushlariga qarashmas, opasi yig'gan yerlarni to'zitar edi. Opasi Oyshaning uy yumushlariga so'ragan yordamini ham rad etar edi. Oysha esa singlising bu fe'lini erkalik deb bilib indamay o'zi qilib ketar edi. Xadicha o'yin-kulguga berilgan, bo'sh vaqtini ko'chada dugonalari bilan o'ynashi ma'qul ko'radigan qiz edi. Ba'zida esa Xadichani ko'chadan uyga olib kirish ham qiyin bo'lib qolardi onasiga. Maktabga ham borgisi kelmay, borsa ham o'yin-kulgu qilib borib kelib yurardi. Xadicha kitob o'qishga umuman qiziqmas edi. Siz esa shu ikki singilning akasisiz va sizning qo'lingizda juda ham ma'no-mazmunga to'la bo'lgan 1 dona kitob bor. Siz esa shu kitobni faqat bir singlingizga hadiya qilishingiz kerak. Xosh siz qo'lingizdagi bu ajoyib kitobni qaysi singlingizga xadiya qilib berardiz. Ha! Sizda bu haqida xattoki tanlov ham yo'q. Chunki qo'lingizdagi kitobni Oyshaga berishingiz aniq. Chunki Oysha bu kitobni xazina deb bilib uni mutola qiladi. Kitobdan olgan bilimlarini esa boshqalarga ulashadi. Siz ham uni ko'rib unga yana qayta kitob olib bergingiz kelaveradi. Xadichaga kitob berishni xattoki siz o'ylab ham ko'rganiz yo'q. Kitob berishdan ma'ni yo'qligi uchun ham unga kitob berishni o'zingizga ravo ko'rmadingiz. Chunki Xadichaga kitob bersangiz u kitobni xonasini bir chetiga uloqtirishini va u kitob o'qilmasdan chang bo'lib qolib ketishini ham bilasiz. Sizning tanlovingiz Oysha.

Mana siz aka bo'lib singillariz xatti-harakatlarini ko'rib kitobni hech ikkilanmay, tanlov qilmay Oyshaga ravo ko'rdingiz. Shuni yodda saqlangki kitobxonim bizni yaratguvchi Yaratgan egam ham shunday.........Alloh bizni hamma xatti -harakatlarimizdan xabardor zotdir. Alloh bizning qalbimizni eshitguvchi zot. Biz nima ish qilepmiz, nima maqsadda yuripmiz, niyatimiz nima hammasini bilib ko'rguvchi zot. Alloh ham o'z kitobini Oysha kabi bandalariga beradi. Kitob bu yerda bir o'xshatish edi. Alloh o'zining barakasini, mukofotlarini, ulug' rizqlarini qalbi iymonda qo'li mehnatda pok qalbli insonlarga beradi. Ko'nglizda kimgadir qoralik bilan, dangasilik yoki loqaydlik bilan bajarayotgan ishlariz bilan katta muvafaqiyatga erishaman deb oy'lamang. Oysha kabi bo'ling va Yaratgan egam siz uchun yozgan kitobini oling. Qolgan xulosa o'zingizdan kitobxonim...........

Vaqt qadri ilmda

Zamonimiz shiddat bilan rivojlanib borar ekan har qanday sohada o'zgarishlar kundan kunga ortib bormoqda. Tibbiyot deysizmi yo iqtisodiyot yo sanoat har sohada kuzatilayotgan ro'y berayotgan o'zgarishlar yaqqol ko'zga tashlanmoqda. Zamonning bu svilizatsiyasi esa bizdan yanada kuchli bilim saviyani talab qilmoqda. So'z o'rnida aytsam ekalogiyamizdagi juda ko'p o'zgarishlar bir qancha salbiy omillarni keltirib chiqarmoqda. Ya'ni bizga hali fanga no'malum bo'lgan kasalliklar paydo bo'lmoqda. Bunga misol qilib 2019-yilda Covid virus pademiyasi hammamizga ma'lum. Bunday yangi zamon bizdan esa juda kuchli bolgan bilim tafakkurni talab qilmoqda. Har sohaga qaramang yangi o'zgarishlarni guvohi bo'lasiz. Zamon bilim hamnafas bo'lish va modda, imidj bilan emas balki aql, idrok bilan ham hamnafas bo'lish lozim.

Davlat rahbarimiz ham bu borada ta'limga juda katta e'tibor qaratilar.

Xususiy oliy ta'lim dargohlari ochilib, o'qish uchun ancha imkoniyatlar kengaydi. Ortga nazar atshlasak xususiy universitetlar institutlar barmoq bilan sanagulik edi. Xususiy universitetlarning ko'payishi qabul bo'lish osonligi esa juda ko'p yoshlarda oq'ishga bilim olishga bo'lgan qarash ancha yengillashib qolmadimikan. Nega deysizmi? Sir emas texnika zamonida yashamoqdamiz. Barcha kattayukichikning qo'lida uyali aloqa. Kuning deyarli ko'p qismi shu uyali aloqa bilan o'tmoqda.

Imkoniyatlar biz yoshlarga keng berilayotgani bu g'animat. Bu vaqtni zoye ketqazish kerak emas. Aksincha oqilona foydalanib olish kerak. Yoshlikda olingan bilib toshga o'yilgan naqsh misolidir. Chindan yoshlikda olingan bilim butun umrga tatigullik bilimdir. Har narsa o'z vaqtdida go'zaldir. Bolalikda bola bo'l o'yinqaro bo'l. Ota ona bo'sang farzand tarbiyasi, ularni bekamikost qilib tarbiya qil. Qarilikda nevaralar yaqinlar ba'rida yasha. Lekin o'qimoqlik davrida O'QI........Senga o'qish uchun berilgan vaqt hech qachon qayta berilmaydi shuni unutma. O'zing bir o'ylab ko'rchi maktab 11 yil Universitet o'rtacha 5 yil. Ko'z ochib yumguncha o'tib ketadigan vaqtlar. Lekin shu davrni ham boshqa narsalarga sarflamoqdasan. Har bir davrni o'z davrida to'g'ri foydalanishlik insonni komillik sari yetaklaydi. Vaqtni hech qachon orqaga qaytara olmaganimiz esa vaqt oliy hakam bo'lishiga va umrimiz o'tib ketganligini ko'rsatadi. Yillar o'tib "Vaqt qadri ilmda" ekanligini bilganimizda esa afsus chekib qolmaylik.

O'zbekiston farmatsevtika sanoatining jahon bozoridagi o'rni

Mustaqillik yillarida O'zbekiston ko'plab sohalarda katta yutuqlarga erishdi. Ular orasida farmatsevtika sanoati ham alohida ahamiyatga ega. Chunki dori vositalari nafaqat ichki ehtiyojni qondiradi, balki xalqaro bozorda mamlakat nufuzini oshirishga ham xizmat qiladi. Bugungi kunda dorilar sifati, ularning xalqaro standartlarga mosligi va eksport salohiyati O'zbekistonning jahon farmatsevtika bozoridagi o'rnini belgilab bermoqda. O'zbekiston mustaqillikka erishgandan so'ng farmatsevtika sohasi bosqichma-bosqich modernizatsiya qilindi. So'nggi yillarda dorivor o'simliklarni chuqur qayta ishlash, yangi texnologiyalarni joriy etish va xorijiy investitsiyalarni jalb etish orqali farmatsevtika tarmog'i sezilarli darajada rivojlanmoqda.

Bugun respublikada yuzlab farmatsevtika korxonalari faoliyat yuritib, turli xil dorilar, tibbiy buyumlar va vitamin komplekslarini ishlab chiqarmoqda. Ularning ko'pi ISO, GMP kabi xalqaro standartlarga javob beradi.

O'zbekiston farmatsevtika mahsulotlari hozirda qo'shni davlatlarga va ayrim MDH mamlakatlariga eksport qilinmoqda. Bu esa xalqaro miqyosda raqobatbardoshlikni oshirish uchun muhim qadamdir.

-Eksport salohiyatining ortishi uchun bir nechta omillar zarur:

-mahsulotlarning xalqaro sertifikatsiya tizimiga mosligi,

-arzon va sifatli xomashyo bazasining mavjudligi,

-logistika tizimining qulayligi,

-xorijiy kompaniyalar bilan hamkorlik loyihalari.

Shu nuqtai nazardan O‘zbekiston Markaziy Osiyoda farmatsevtika mahsulotlarini ishlab chiqarishda yetakchi hududlardan biriga aylanish imkoniyatiga ega.

Yurtimiz tabiiy sharoiti dorivor o‘simliklarga boyligi bilan mashhur. Masalan, piyoz, zira, yalpiz, dorivor qizilmiya kabi o‘simliklardan tayyorlangan mahsulotlar nafaqat ichki, balki tashqi bozorda ham katta talabga ega. Shu bois O‘zbekiston tabiiy dorilar ishlab chiqarishda jahon bozorida o‘ziga xos o‘rin egallashi mumkin.

Albatta, xalqaro bozorda raqobatbardosh bo‘lish uchun bir qancha masalalar hal etilishi zarur:

-ayrim korxonalarda texnologik jihozlarning eskiligi,

-ilmiy-tadqiqot ishlarining yetarli darajada rivojlanmaganligi,

-mutaxassislarning malakasini muntazam oshirish zarurati.

Bu muammolarni hal etish uchun davlat tomonidan qator dasturlar ishlab chiqilgan. Xususan, farmatsevtika klasterlarini tashkil etish, innovatsion ilmiy markazlar ochish va xorijiy investitsiyalarni keng jalb qilish orqali sohaga yangi sur’at berilmoqda.

O‘zbekiston farmatsevtika sanoati jadal rivojlanib, asta-sekin jahon bozorida o‘z o‘rnini topmoqda. Mahalliy korxonalar tomonidan ishlab chiqarilayotgan dorilar sifatining oshishi, eksport geografiyasining kengayishi, tabiiy o‘simliklarga asoslangan dorilarning ishlab chiqarilishi mamlakatimizning xalqaro nufuzini yanada mustahkamlaydi. Kelajakda O‘zbekiston nafaqat ichki ehtiyojni qondiruvchi, balki jahon farmatsevtika bozorida faol ishtirok etuvchi mamlakatlardan biriga aylanishi shubhasiz. Bu esa, o‘z navbatida, iqtisodiy taraqqiyot, sog‘lom jamiyat va xalqaro hamkorlikning yangi bosqichini ta’minlaydi.

Farmatsevtika ta’limi: kelajak mutaxassislarini tayyorlash masalalari

Bugungi kunda farmatsevtika sohasi nafaqat tibbiyotning, balki butun jamiyat taraqqiyotining muhim tayanch yo‘nalishlaridan biri hisoblanadi. Dori vositalarini ishlab chiqarish, ularning sifatini nazorat qilish, xavfsiz va oqilona qo‘llashda malakali farmatsevt mutaxassislarning o‘rni beqiyosdir. Shu sababdan farmatsevtika ta’limini rivojlantirish, kelajak avlod mutaxassislarini zamonaviy bilim va ko‘nikmalar bilan qurollantirish davlat siyosatining ustuvor yo'nalishlaridan biri bo'lib qolmoqda.

Bugun jamiyat oldida dorilarga bo'lgan talab yildan-yilga ortib bormoqda. Aholining sog'lom turmush tarziga intilishi, yangi kasalliklarning paydo bo'lishi va farmatsevtika bozorining kengayishi malakali mutaxassislarni talab qiladi. Shuning uchun farmatsevtika ta'limi faqat nazariy bilim berish emas, balki amaliyotga yo'naltirilgan, innovatsion yondashuvlarga asoslangan bo'lishi zarur.

Bu borada ta'lim jarayonidagi muammolar yo'q emas bor albatta. Ya'ni
farmatsevtika ta'limini rivojlantirish jarayonida bir qator masalalar mavjud:

-Nazariya va amaliyot o'rtasidagi tafovut. Ba'zi o'quv dasturlari zamonaviy ishlab chiqarish texnologiyalaridan orqada qolmoqda.

-Laboratoriya va tajriba bazasining yetishmasligi. Talabalarning amaliy ko'nikma hosil qilishi uchun zamonaviy jihozlangan laboratoriyalar muhim.

-Kadrlar malakasini oshirish. O'qituvchilarning o'zlari ham zamon bilan hamnafas bo'lishi uchun muntazam ilmiy stajirovka va malaka oshirish dasturlaridan o'tishi kerak.

Farmatsevtika ta'limi samaradorligin yanadaa oshirish uchun quyidagi yo'nalishlarda ishlash talab qiladi. Axborot texnologiyalaridan foydalanish. Virtual laboratoriyalar, simulyator dasturlar va elektron kutubxonalar orqali talabalarning bilim doirasi kengayadi. Xalqaro hamkorlik. Chet ellik universitetlar bilan qo'shma dasturlar, akademik almashinuv va qo'shma ilmiy tadqiqotlar yosh mutaxassislarga katta imkoniyat yaratadi. Innovatsion amaliyot markazlari. Dorixona, farmatsevtik zavod va ilmiy laboratoriyalar bilan hamkorlikda talabalar uchun doimiy amaliyot bazasini shakllantirish zarur. Mana shunday yo'ldagi farmatsevtlar esa faqat dori sotuvchi emas. U:
ilmiy tadqiqotlarda faol ishtirok etuvchi, bemorga to'g'ri maslahat beruvchi, dori vositalarining xavfsizligi va samaradorligini baholovchi,
xalq salomatligi uchun mas'uliyatni o'z zimmasiga oluvchi mutaxassisdir.

Shunday qilib, farmatsevtika ta'limi nafaqat kasbiy bilimlarni, balki bioetika, kommunikatsiya va insonparvarlik kabi fazilatlarni ham o'z ichiga olishi lozim.

Farmatsevtika ta'limini yuksaltirish – bu sog'lom jamiyat qurishning poydevoridir. Kelajak mutaxassislari zamonaviy bilim, mustahkam amaliy ko‘nikma va yuksak axloqiy tamoyillar asosida tarbiyalanishi zarur. Chunki dori – inson hayoti bilan bevosita bog‘liq bo‘lgan vosita, farmatsevt esa uni to‘g‘ri tanlash va qo‘llash uchun mas’ul bo‘lgan mutaxassisdir.

Shunday ekan, farmatsevtika ta’limini rivojlantirish davlat siyosati, jamiyat manfaatlari va insoniyat kelajagi uchun eng muhim vazifalardan biridir.

Farmatsevtika va bioetika: inson qadriyati va dori ishlab chiqarish

Bugungi globallashuv davrida farmatsevtika sanoati mislsiz sur’atlarda rivojlanmoqda. Yangi-yangi preparatlar, vaksinalar va biotexnologik mahsulotlar insoniyat salomatligini asrashga xizmat qilmoqda. Shu bilan birga, dori ishlab chiqarish jarayonida muhim bir masala – bioetika, ya’ni inson qadriyatlari, huquqlari va axloqiy me’yorlarga rioya qilish masalasi ham kun tartibiga chiqmoqda. Chunki farmatsevtika sohasi nafaqat iqtisodiy manfaat, balki inson hayoti bilan chambarchas bog‘liqdir.

Bioetika – bu tibbiyot va farmatsevtika jarayonlarida axloqiy qadriyatlarga rioya etishni nazarda tutuvchi fan va tamoyillar majmuasidir. Dori ishlab chiqarishda bioetika bir nechta muhim sohalarni qamrab oladi ya'ni ulardan biri-" Ilmiy tadqiqotlarda inson huquqlari" -Yangi preparatlarni yaratish jarayonida ko'pincha klinik sinovlar o'tkaziladi. Bunda inson organizmi o'rganiladi, turli dozalar sinab ko'riladi. Ana shu bosqichda ko'ngillilarning roziligi, ularning salomatligi va xavfsizligi birinchi o'rinda turishi kerak. Bioetika bu jarayonni qat'iy nazorat qiladi. " Hayvonlar ustida sinovlar va ekologik mas'uliyat"- Dorilarni ishlab chiqishda laboratoriya hayvonlari ustida tadqiqotlar o‘tkazilishi ko‘p hollarda muqarrar. Biroq bu jarayon insoniylik tamoyillariga zid bo‘lmasligi, iloji boricha hayvonlarga ozor bermaslik, zamonaviy alternativ metodlardan foydalanish talab etiladi.

“ Dori narxi va adolatli taqsimot.”- Ko‘p hollarda yangi dorilar qimmat bo‘lib, uni hamma ham sotib ololmaydi. Bioetika farmatsevtika sanoatini nafaqat foyda orttirish, balki keng xalq ommasi uchun ham dorilarni yetarli va arzon narxda taqdim etishga chorlaydi. Axir, inson qadriyati puldan ustun turishi lozim. “ Dori vositalarining xavfsizligi va halollik”- Farmatsevtika kompaniyalari mahsulot chiqarayotganda, nafaqat uning ta’sirchanligini, balki salbiy oqibatlarini ham oshkora taqdim etishi shart. Dorining yon ta’sirlarini yashirish yoki noto‘g‘ri reklama qilish inson hayotiga xavf tug‘diradi. Bu – bioetik tamoyillarga zid.

Farmatsevt juda katta ma’suliyatni talab qiladi. Farmatsevt mutaxassis bioetikaning amaliy qo‘llovchisi sifatida alohida o‘rin tutadi. Dorixonada odamga dori sotayotgan farmatsevt nafaqat savdo qilmoqda, balki inson hayotiga ta’sir ko‘rsatmoqda. Uning halolligi, insonparvarligi va mas’uliyati – bioetikaning amaldagi ko‘rinishidir. Bioetikaning asosiy maqsadi – inson salomatligini iqtisodiy manfaatlardan ustun qo‘yishdir. Zero, farmatsevtika faqat biznes emas, u avvalo insoniyatga xizmat qiladigan sohadir.

Farmatsevtika va bioetika bir-biridan ajralmas tushunchalardir. Inson qadriyati va hayoti – dori ishlab chiqarishning bosh mezoni bo‘lishi kerak. Dorilar orqali nafaqat kasalliklarni davolash, balki jamiyatda ishonch, adolat va halollikni qaror toptirish mumkin. Shunday ekan, bioetika tamoyillariga amal qilish – farmatsevtika sohasi mutaxassislari uchun nafaqat kasbiy majburiyat, balki insoniylik burchidir. Axir, inson hayoti eng oliy qadriyatdir.

Farmatsevt mutaxassisning jamiyatdagi o‘rni va mas’uliyati.

Har qanday jamiyatning taraqqiyoti, avvalo, uning fuqarolarining sog‘lom turmush tarziga bog‘liq. Zero, “Salomatlik – eng katta boylik” degan hikmat bejiz aytilmagan. Inson hayotida shifokorlar qanchalik muhim bo'lsa, farmatsevt mutaxassislarning o'rni ham shunchalik beqiyosdir. Chunki dori vositalarining to'g'ri tanlanishi, sifatli yetkazib berilishi va xavfsizligi bevosita farmatsevtlar zimmasidagi mas'uliyatli vazifadir.

Bugungi kunda farmatsevt – bu faqatgina dorixona xodimi emas, balki jamiyat salomatligi uchun mas'ul bo'lgan mutaxassisdir. Ularning faoliyatini asosiy yo'nalishga quyidagilar.

Dori vositalarining sifatini ta'minlash: Farmatsevtlar ishlab chiqarilayotgan yoki import qilinayotgan dorilarni sifat nazorati jarayonidan o'tkazishda bevosita ishtirok etadi. Agar birgina dori vositasi sifatsiz bo'lsa, minglab insonlarning hayoti xavf ostida qolishi mumkin.

To‘g‘ri maslahat berish: Odamlar ko‘pincha dorixonaga shifokor yozib bergan retsept bilan murojaat qilishadi. Ba’zan esa o‘zlari ham maslahat olish uchun farmatsevtga yuzlanishadi. Ana shu pallada mutaxassisning savodxonligi, halolligi va mas’uliyati muhim ahamiyat kasb etadi. Dorini noto‘g‘ri tavsiya qilish yoki dozani xato aytish katta salbiy oqibatlarga olib kelishi mumkin.

Farmatsevtikaning innovatsion rivojlanishida ishtirok: Zamonaviy farmatsevtlar nafaqat tayyor dorilarni sotadi, balki ilmiy-tadqiqotlarda qatnashib, yangi preparatlar yaratish, ularni xalqaro standartlarga moslashtirish, ekologik toza va samarali mahsulotlar ishlab chiqishda ham faol ishtirok etadi.

Jamiyat oldidagi mas’uliyat

Farmatsevtning jamiyat oldidagi eng katta mas’uliyati – bu inson hayoti va salomatligini asrashdir. Boshqacha qilib aytganda, farmatsevt – xalq va tibbiyot o‘rtasidagi ko‘prikdir.

U dori vositasini sotayotganda faqat moddiy manfaatni emas, balki bemorning sog‘lig‘ini ham o‘ylashi shart.

U har bir mijozga dori haqida to‘liq, aniq va sodda tushuntirish berishi kerak.

U har doim kasbiy etika, insonparvarlik va halollik tamoyillariga amal qilishi lozim.

Farmatsevt mutaxassis – bu faqat dorini beruvchi emas, balki insonlarning hayoti uchun mas'uliyatni zimmasiga oluvchi fidoyi kasb egasidir. Bugungi kunda farmatsevtik ta'limning yuksalishi, mahalliy dorilar ishlab chiqarilishining kengayishi, xalqimizning dori vositalariga bo'lgan ishonchini oshirish – barchasi farmatsevtlarning bilimdonligi, halolligi va fidoyiligiga chambarchas bog'liqdir. Shunday ekan, farmatsevt mutaxassisning jamiyatdagi o'rni beqiyos, mas'uliyati esa beqadrlidir. Zero, sog'lom jamiyat – taraqqiyot poydevori, farmatsevt esa ana shu poydevorning mustahkam bo'lishiga hissa qo'shuvchi asosiy ustunlardan biridir.

"REKLAMA – DAVO EMAS": FARMATSEVTIKA SOHASIDA REKLAMA TIZIMI VA BIOETIKA ORTASIDAGI NOZIK CHEGARA

Bugungi tezkor va raqobatli dunyoda farmatsevtika sanoati nafaqat dori vositalari ishlab chiqarish, balki ularni targ'ib qilish – ya'ni reklama qilish orqali ham katta ijtimoiy va iqtisodiy ta'sirga ega. Ammo bu sohada reklama oddiy mahsulot tanishtiruvi bilan emas, balki inson salomatligi, hayoti va ishonchi bilan chambarchas bog'liqdir. Shuning uchun dorilar reklamasiga nisbatan oddiy tijorat etikasi emas, bioetika tamoyillari qo'llanilishi zarur.

Dori reklamasining kuchi va xavfi

Tasavvur qiling: televizorda porloq tabassum bilan aytilayotgan "Yangi og'riq qoldiruvchi vosita sizni azobdan qutqaradi!" degan shiorni eshitgan bemor darhol unga ishonadi. Balki shifokorga bormay, o'z holicha dori sotib oladi. Vaholanki, har bir dori vositasi – bu ikki qirrali qilich: bir tomonida shifo bo'lsa, ikkinchi tomonida noto'g'ri foydalanish oqibatlari turibdi.

Farmatsevtik reklama aynan shu qaltis chiziqda yuradi. Uni shunchaki tijoriy soha deb bo'lmaydi. Chunki bu reklama orqali odamlar hayotini o'zgartirish, ularni xato qarorga olib kelish yoki aksincha, to'g'ri tanlovga yo'naltirish mumkin.

Bioetika nima va u nima uchun muhim?

Bioetika – tibbiyot va hayotiy qarorlar sohasida axloqiy tamoyillarni o'rganuvchi fan. Dori reklamasida bioetik tamoyillar quyidagilarda ifodalanadi:

1. Zarar yetkazmaslik (non-maleficence): Reklama noto'g'ri ma'lumot yoki yolg'on va'da

orqali odamni dorini suiiste’mol qilishga undamasligi kerak.

2. Foyda yetkazish (beneficence): Reklama inson salomatligini yaxshilashga xizmat qilishi, bilim beruvchi va xolis bo‘lishi kerak.

3. Avtonomiya: Odamlarning ongli va mustaqil qaror qabul qilishi uchun reklama to‘liq, tushunarli va haqiqatga mos ma’lumot taqdim etishi lozim.

4. Adolat: Dori vositalari reklamasida ijtimoiy tengsizlik, stereotiplar yoki yolg‘on umidlar targ‘ib qilinmasligi kerak

Reallikdagi muammolar

Ko‘plab mamlakatlarda, jumladan ayrim rivojlanayotgan hududlarda dori vositalari reklamalari yuqori darajada kommersiyalashtirilgan. Ayrim firmalar tomonidan:

Klinik jihatdan isbotlanmagan dorilarning "mo‘jizaviy" sifatda ko‘rsatilishi,

Salbiy ta’sirlar haqida umuman ma’lumot berilmasligi,

Bolalar, homilador ayollar yoki keksalar uchun xavfli bo‘lishi mumkin bo‘lgan mahsulotlar umumiy auditoriyaga reklama qilinishi hollari uchraydi.

Bunday vaziyatda reklama – shifo emas, balki xatoga yetaklovchi vositaga aylanib qoladi.

Nima qilish kerak?

Nazorat kuchaytirilishi zarur. Har bir reklama chiqishidan oldin bioetik va tibbiy ekspertlar tomonidan tasdiqlanishi lozim.

Ommaviy axborot vositalari mas'uliyati: Reklama joylashtiruvchi OAV sog'liq bilan bog'liq mahsulotlarga nisbatan yuqori axloqiy yondashuvni tanlashi kerak.

Aholi uchun axborot savodxonligi: Insonlar dori reklamasiga tanqidiy yondashishni, dori qabul qilishdan oldin shifokor bilan maslahatlashishni o'rganishi kerak.

Xulosa:

Farmatsevtika sohasi reklama qilinmasin, demoq noto'g'ri. Ammo u boshqa tovarlarnikidek, faqat sotuvni oshirishga emas, inson salomatligini himoya qilishga xizmat qilishi shart. Bioetika – bu reklama dunyosida unutilmasligi lozim bo'lgan kompas. Uni yo'qotgan jamiyat esa, davo izlab, zarar topishi hech gap emas.

Alfraganus Universiteti Tibbiyot fakulteti Farmatsiya yo'nalishi 2-bosqich talabasi Kocherova Umida

Tabiat shifosimi yoki farmatsevtika mo'jizasi?

Bugungi kunda insoniyat sog'lom turmush tarziga bo'lgan ehtiyojini har qachongidan ham chuqurroq anglamoqda. Kimdir eng zamonaviy dorilarga umid qilsa, boshqasi tog'-to'shlardagi shifobaxsh o'simliklardan najot izlaydi. Ammo savol ochiq qolmoqda: haqiqiy shifo qayerda – tabiatda yasalgan shifobaxsh giyohlardami yoki ilm asosida yaratilgan farmatsevtik dorilardami?

Tabiat shifosi – ajdodlar merosi. Asrlar davomida xalq tabobati xalqimiz salomatligining tayanchi bo'lib kelgan. Qaynonaning bodring damlamasi, buvining zubturum qaynatmasi, qora zira, asal, zanjabil, shuvoq – bular nafaqat uy sharoitidagi oddiy vositalar, balki ming yillik tajribalar asosida shakllangan muolajalar edi. Tabiat bergan davo ko'p hollarda yengil kasalliklarda, immunitetni mustahkamlashda yoki oldini olishda nihoyatda foydali. Eng muhimi – bu vositalar arzon, oson topiladi va odatda salbiy ta'sirlari kam bo'ladi. Ammo...

Farmatsevtika – ilm-fanning yutug'i. Zamonaviy tibbiyot bugungi kunda shunchaki "tabletka" emas, balki murakkab ilmiy tahlil va texnologiyalarga asoslangan vosita taklif qilmoqda. Har bir dori sinovdan o'tadi, dozalari aniqlanadi, ta'sir mexanizmi tushuntiriladi. Antibiotiklar, og'riq qoldiruvchilar, insulin, yurak dori vositalari – bularsiz og'ir kasalliklarni davolash deyarli imkonsiz bo'lgan bo'lardi. Farmatsevtika yutuqlari tufayli o'nlab xavfli kasalliklar nazorat ostiga olindi, umr davomiyligi uzaydi. Shuningdek, shoshilinch holatlarda (insult, infarkt, zaharlanish) xalq tabobati emas, aynan farmatsevtik vositalar hayot saqlab qoladi.

Qaysi yo'l to'g'ri?

To'g'risi, har ikki yo'l ham o'z o'rnida va sharoitiga qarab muhim ahamiyatga ega. Biroq muammo shundaki, ayrimlar xalq tabobatiga haddan tashqari ishonib, shifokorga murojaat qilishni kechiktiradi. Boshqalar esa dorilarni ortiqcha iste'mol qilib, organizmga zarar yetkazadi. Shifobaxsh o'simliklar noto'g'ri ishlatilsa, zaharlanishga sabab bo'lishi mumkin. Farmatsevtik dorilar esa noto'g'ri dozalansa, jiddiy asoratlar qoldiradi.

Yechim – muvozanatda!

Eng to'g'ri yo'l – ilm va tabiatni uyg'unlashtirish, ularni bir-biriga qarama-qarshi emas, balki bir-birini to'ldiruvchi vosita sifatida ko'rishdir. Bugun ko'plab farmatsevtik preparatlar aynan o'simlik ekstraktlari asosida yaratilmoqda. Demak, tabiatdan ilhom olib, fan yordamida mukammal davo topish mumkin.

Shifo nafaqat dorida, nafaqat giyohda – shifokor maslahatida, ilmda, va me'yorida. Tabiatning mo'jizasi va farmatsevtikaning yutug'ini birgalikda qadrlash – sog'lom jamiyat poydevoridir.

Alfrganus Tibbiyot fakulteti
Farmasevtika yo'nalishi 2-bosqich talabasi
Kocherova Umida Anvarovna

Probiotiklar va prebiotiklarning farmasevtik qo'llanilishi

So‘nggi yillarda farmasevtika sohasida inson salomatligini mustahkamlashga qaratilgan yangi preparatlar ishlab chiqilmoqda. Shulardan eng muhimlaridan biri – probiotiklar va prebiotiklar hisoblanadi. Ular ichak mikroflorasini tiklash, immunitetni oshirish, hamda turli ichki a’zolar faoliyatini me’yorlashtirishda muhim rol o‘ynaydi. Ichak mikrobiotasining buzilishi disbioz, diareya, allergiya, ovqat hazm qilish muammolari va hatto surunkali kasalliklarga olib kelishi mumkin. Shu bois, probiotik va prebiotiklar farmasevtik amaliyotda keng qo‘llanmoqda.

Probiotiklarning farmakologik ahamiyati:

Probiotiklar — tirik mikroorganizmlar bo‘lib, ular inson organizmiga kiritilganda foydali ta’sir ko‘rsatadi. Ko‘pincha Lactobacillus, Bifidobacterium, Saccharomyces boulardii kabi bakteriyalar probiotik sifatida ishlatiladi. Ularning asosiy vazifalari:

-ichak mikroflorasini tiklash;

-ichak shilliq qavatini mustahkamlash;

-zararli mikroorganizmlarning ko‘payishini oldini olish;

-immunitetni rag‘batlantirish;

-antibiotiklar qabulidan keyin yuzaga keladigan disbiozni bartaraf etish.

Farmasevtik amaliyotda probiotiklar kapsula, kukun, suyuqlik yoki sashe ko‘rinishida ishlab chiqariladi. Masalan, Enterojermina, Linex, Bifiform kabi preparatlar keng qo‘llanadi.

Prebiotiklarning qo‘llanilishi;

Prebiotiklar – bu tirik mikroorganizmlar emas, balki foydali bakteriyalar uchun ozuqa bo‘lib xizmat qiluvchi moddalar. Ular ichakdagi probiotik bakteriyalarni ko‘paytirishga yordam beradi. Asosiy prebiotiklar qatoriga inulin, frukto-oligosaxaridlar, laktuloza kiradi.

Prebiotiklarning foydasi:

-ovqat hazm qilishni yaxshilash;

-kalsiy, magniy kabi minerallar so‘rilishini oshirish;

ich qotishini oldini olish;

-ateroskleroz va semirishning oldini olishda yordamchi bo‘lish.

Prebiotiklar farmasevtikada ko‘pincha sirop, kukun yoki tabletkalar shaklida ishlab chiqariladi. Masalan, Dufalac (laktuloza) keng qo‘llaniladigan prebiotik vosita hisoblanadi.

Probiotik va prebiotiklarning kombinatsiyasi (sinbiotiklar)

So‘nggi yillarda probiotik va prebiotiklarni birgalikda qo‘llash orqali samaradorlik oshirilmoqda. Bu kombinatsiya sinbiotiklar deb ataladi. Ular ichak mikroflorasini tezroq tiklash va organizmni mustahkamlashda yuqori natija beradi. Sinbiotiklar bolalarda va kattalarda antibiotik terapiyasi vaqtida va undan keyin tavsiya etiladi.

Probiotik va prebiotiklar zamonaviy farmasevtikaning muhim yo‘nalishlaridan biridir. Ularning muntazam qo‘llanilishi ichak mikroflorasini me’yorlashtirish, immunitetni mustahkamlash va ko‘plab kasalliklarning oldini olishda samarali vosita bo‘lib xizmat qiladi. Farmasevtika sanoatida ushbu preparatlar ishlab chiqarish hajmi tobora ortib bormoqda va kelajakda ular yanada keng qo‘llanilishi kutilmoqda.

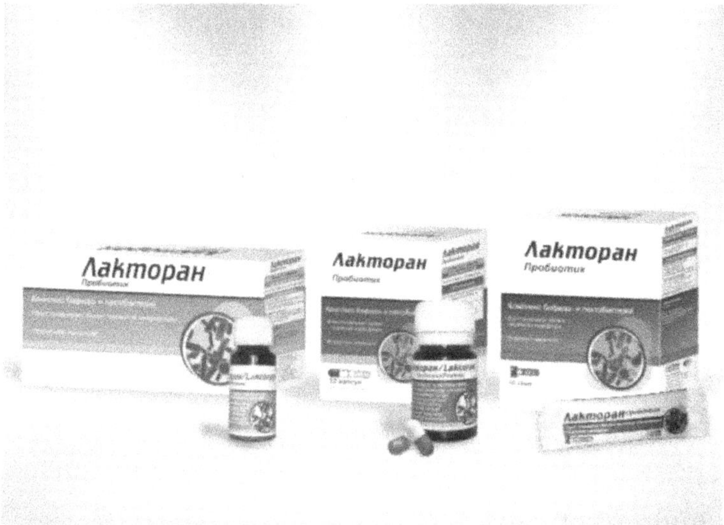

Dori shakllarning turlari va ularning samaradorlikka ta’siri

Farmasevtika fanining asosiy vazifalaridan biri — dori vositalarini bemor organizmiga eng qulay, samarali va xavfsiz shaklda yetkazib berishdir. Buning uchun turli dorivor shakllar ishlab chiqilgan. Dorivor shakl — bu dori moddasini bemorga qo‘llash uchun texnologik qayta ishlash natijasida yaratilgan farmasevtik ko‘rinishdir. Dorivor shakl tanlovi dori vositasining so‘rilishi, ta’sir kuchi, davomiyligi va nojo‘ya ta’sirlariga sezilarli darajada ta’sir qiladi. Shu sababli, dorivor shakllarning farmasevtik va klinik samaradorligini o‘rganish bugungi kunda dolzarb masalalardan biri hisoblanadi.

Dori shakllarning turlari

1. Qattiq dorivor shakllar: tabletka, kapsula, draje, granulalar, kukunlar.

-Afzalligi: dozalash aniqligi, saqlash va tashish qulayligi.
-Kamchiligi: ba'zi bemorlar, ayniqsa bolalar va qariyalarda qabul qilish qiyin.
2. Suyuq dorivor shakllar: sirop, eritma, tomchi, emulsiyalar, suspenziyalar.
-Afzalligi: tez so'rilishi, bolalarda qulay qo'llanilishi.
-Kamchiligi: mikroorganizmlar ta'sirida tez buzilishi, saqlash sharoitlariga sezgirligi.
3. Yumshoq dorivor shakllar: malham, krem, gel, surtmalar, supozitoriyalar.
-Afzalligi: to'g'ridan-to'g'ri ta'sir joyiga yetkazilishi.
-Kamchiligi: saqlash muddati qisqa, dori moddasi aniq dozalanmagan bo'lishi mumkin.
4. Inyeksion dorivor shakllar: ampula, flakon, karpulalar ko'rinishida.
-Afzalligi: tez va to'liq ta'sir, og'ir holatlarda samaradorligi yuqori.
-Kamchiligi: in'eksiya og'riqli, maxsus sharoit va malaka talab qiladi.

5. Ingtalyasion dorivor shakllar: aerozol, inhalyator, purkagichlar.

-Afzalligi: to‘g‘ridan-to‘g‘ri nafas yo‘llariga ta’sir etadi, tezkor ta’sir.

-Kamchiligi: qo‘llash texnikasi murakkab, dozalash qiyin bo‘lishi mumkin.

Dorivor shakllarning samaradorlikka ta’siri

Dorivor shakl tanlovi dori moddasi organizmga qanday yetkazilishiga bevosita ta’sir ko‘rsatadi:

-Tabletkalar dori moddasini asta-sekin chiqarib, uzoq muddatli ta’sir ko‘rsatishi mumkin.

-Suyuq shakllar tez ta’sir qiladi, ammo ta’sir muddati qisqa.

-In’eksiya vositalari shoshilinch tibbiy yordamda eng samarali.

Supozitoriyalar bolalarda va oshqozon-ichak muammolari bo‘lgan bemorlarda samarali qo‘llaniladi.

Ingalyatsion shakllar bronxial astma va boshqa nafas yo‘llari kasalliklarida tez yordam beradi.

Dorivor shaklning to‘g‘ri tanlanishi bemorning holati, yosh guruhi, kasallik turi va dori moddasining farmakokinetikasiga bog‘liq. Dorivor shakllarning xilma-xilligi farmasevtika sanoatida keng imkoniyatlar yaratmoqda. Har bir dorivor shaklning o‘z afzalliklari va kamchiliklari mavjud bo‘lib, ularni to‘g‘ri tanlash dori vositasining samaradorligini oshiradi, nojo‘ya ta’sirlarini kamaytiradi va bemor uchun qulay sharoit yaratadi. Shu bois farmasevtika fanida yangi dorivor shakllarni yaratish va ularning klinik samaradorligini baholash muhim ilmiy yo‘nalishlardan biri hisoblanadi.

Bolalar amaliyotida keng ishlatiladigan farmasevtik vositalar

Bolalar organizmi kattalarnikidan sezilarli farq qiladi. Shu bois, farmasevtik amaliyotda bolalarga mo‘ljallangan preparatlar alohida yondashuvni talab etadi. Dozalashning aniqligi, dorivor shaklning qulayligi va xavfsizligi pediatriyada dori tanlashda eng muhim mezon hisoblanadi. Zamonaviy pediatriya amaliyotida ko‘plab dorilar qo‘llanadi, lekin ulardan faqatgina isbotlangan samaradorlikka ega va xavfsizligi yuqori bo‘lganlari keng tavsiya etiladi.

Antibiotiklar

Bolalarda ko‘plab yuqumli kasalliklarni davolashda antibiotiklar keng qo‘llanadi. Eng ko‘p ishlatiladiganlari: amoksitsillin, azitromitsin, tsefalosporinlar. Pediatriyada antibiotiklar sirop yoki suspenziya ko‘rinishida ishlab chiqariladi, bu bolalar uchun qabul qilishni osonlashtiradi.

Antipiretik va analgetiklar

Bolalarda isitma va og‘riqni kamaytirishda paratsetamol va ibuprofen eng ko‘p ishlatiladigan vositalardir. Ular sirop, shamcha yoki suspenziya ko‘rinishida chiqariladi. Aspirin bolalarda tavsiya etilmaydi, chunki u Reye sindromiga olib kelishi mumkin.

Probiotiklar va prebiotiklar

Antibiotik qabulidan keyingi disbioz va ich ketishlarda probiotiklar (masalan, Enterojermina, Linex) keng qo‘llanadi. Prebiotik vositalar esa ichak mikroflorasini tiklashda yordam beradi.

Antigistaminlar

Allergik kasalliklar bolalar orasida keng tarqalgan. Shuning uchun pediatriyada loratadin, desloratadin, setirizin kabi antihistamin preparatlar ko‘p ishlatiladi. Ularning sirop shakli bolalar uchun qulay hisoblanadi.

Vitamin-mineral komplekslari

O‘sish va rivojlanish davrida bolalar ko‘pincha vitamin va minerallarga ehtiyoj sezadi. Farmasevtika amaliyotida Vigantol, Multi-tabs, Vitrum Kids kabi komplekslar qo‘llaniladi.

Bolalar amaliyotida farmasevtik vositalarni qo‘llashda xavfsizlik, qulaylik va samaradorlik asosiy mezon hisoblanadi. Har bir dori bolaning yoshi, tana vazni va klinik holatidan kelib chiqib tanlanishi lozim. Pediatriyada dori tanlashda farmasevt va shifokorlarning hamkorligi muhim ahamiyatga ega.

Dorilarni biologik moslashuvchanligi va bioekvivalentlik masalalari

Farmasevtika sanoatida yangi preparatlarni ishlab chiqish va ularning sifatini nazorat qilishda eng muhim masalalardan biri — biologik moslashuvchanlik (bioavailability) va bioekvivalentlik tushunchalaridir. Ular dori vositasining organizmga qanday singishi va farmakologik ta'sirini belgilaydi. Shu bois, bu masala farmasevtika amaliyotida ham, klinik tibbiyotda ham dolzarb ahamiyatga ega.

Biologik moslashuvchanlik — bu dori moddasining organizmga yuborilgandan keyin qon plazmasiga tushgan qismi va uning tezligi bilan belgilanadi. Bu ko'rsatkich dorining samaradorligini aniqlashda muhim rol o'ynaydi. Masalan, inyeksiya yo'li bilan yuborilgan dori 100% biologik moslashuvchanlikka ega, tabletka yoki kapsula shaklidagi dorilar esa oshqozon-ichak yo'llarida qisman parchalangani uchun ularning bioavailability darajasi pastroq bo'lishi mumkin.

Bioekvivalentlik — bu bir xil faol modda saqlovchi ikki xil dorivor shakl yoki ishlab chiqaruvchining preparatlari organizmda bir xil biologik ta'sir ko'rsatishini anglatadi. Bioekvivalentlik klinik sinovlar orqali aniqlanadi va generik dorilarni ro'yxatga olishda majburiy talab hisoblanadi.

Yangi generik dorilarni ishlab chiqarishda bioekvivalentlik tekshiruvi ularning original preparat bilan bir xil samaradorlikka ega ekanligini isbotlaydi.

Biologik moslashuvchanlikni o'rganish dori moddasining to'g'ri dozasi va dorivor shaklini tanlash imkonini beradi. Past bioavailabilityga ega dorilar uchun maxsus texnologiyalar — mikronizatsiya, liposomal shakllar, transdermal yamoqlar ishlab chiqilmoqda. Biologik moslashuvchanlik va bioekvivalentlik farmasevtika sohasida dorilar sifatini baholashning eng muhim mezonlaridan biridir. Ularni chuqur o'rganish va amaliyotga tatbiq etish bemorlarga xavfsiz, samarali va sifatli dori vositalarini taqdim etishga xizmat qiladi.

Top-10 Ilmiy maqola

Eko madaniyat bugun kerakmi?

Toshkent shahar
Alfraganus Universiteti
Tibbiyot fakulteti Farmasevtika yo'nalishi
2-bosqich talabasi Kocherova Umida

Annotatsiya: Maqolaning asosiy maqsadi ekalogiyani asrab-avaylash.Tabiatga zarar yetqizayotgan muammolarni aniqlash va yechimini topish. Tabiatni qonun doirasi bo'yicha muhofaza qilish va zarur bo'lsa yangi qonun qoidalar ishlab chiqish. Aholiga ekalogik madaniyat haqida kengroq tushuncha berib borish. Qayta ishlab chiqarish texnalogiyalarini joriy qilish. Yashil makonni kengaytirish. O'simlik va hayvonot turlarini ko'paytirish yo'llarini ishlab chiqish. Havoning tozaligiga juda kata e'tibor qaratish va havo ifloslanishining oldini olish bo'yicha yangi mexanizmlarni ishlab chiqish. Ekalogik madaniyatni oshirish maqsadida yilda aholi o'rtasida turli-xil smenar-treninglar o'tqazish. Ekalogik madaniyatni bola tarbiyasida shakllantirish maqsadida maktabgacha ta'lim yoshidan boshlab ko'nikma hosil qilib borish.

Ekalogiya faniga oid yangi darsliklarni, qo'llanmalarni ko'proq maktab tarbiya yoshidagi o'quvchilarga tadbiq qilish.

Kalit so'zlar: Mualif she'ri. Svilizatsiya. 55-modda. 100-modda. Utilizatsiya. Qayta ishlash. Global isish. Tuproq degetratsiyasi.

Kirish:

Onamdan senga o'tgan bir hilqat

Onamdan oldingan ajoyib surat

Sen ila

boydir har bir millat

Onamday ulug'san "Ona tabiat"

Ona tabiat! Bejizga tabiatimizga bunday chiroyli ta'rif berilmagan. Ona o'z bolasi uchun qanchalik qayg'ursa, uning sog'-salomatligi qanchalik o'ylasa tabiat ham shundaydir. Yashamoqligimizning asl haqiqati mana shu ona zamining bag'ridagi qimmatli boyligidandir. Oziq-ovqatlarimiz, dori-darmonlarimiz, kiyim-kechaklarimiz, sanaoatdagi xom ashyolarimizning asosiy manbayi shu ona zaminning resurslaridandir. Lekin ming afsuski tabiat resurslari cheksiz emas. Yildan yilga resurslar ko'rsatkichi pasayib bormoqda. Bunga oddiy bir misol "Suv resursi"dir. Sanoatning keskin rivojlanib borishi, zamon svilizatsiya yangi texnalogiyalarni talab qilishi, ishlab chiqarishga bo'lgan extiyojning oshishi ekalogiyaga oz'ining salbiy ta'sirlarini o'tqazib bormoqda.

Ekalogik muamolar universaldir, chunki biosfera davlat chegaralarini tan olmaydi. Tabiatning ekalogik holatini buzilishi-tuproq, havo va suvning tiriklik uchun zararli moddalar bilan ifloslanishi, zaharlanishi, o'simlik va hayvonlarning foydali turlaring kamayib ketishi, tabiiy landshaftlarning tez o'zgarishi, yangi qishloq va shaharlarning paydo bo'lishi, aholi sonining ko'payishi, energiya, suv, va oziq-ovqatga bo'lgan talabning o'sishi natijasida rivojlanish markazlarining tabiat ichkarisiga-o'zlashtirmagan joylariga kirib borishi insonning yashash muhitini tubdan o'zgarib ketishiga sabab bo'lmoqda. Shu sababli atrof-muhitni muhofaza qilish bu kichik bir mintaqaning emas, balki butun jahonning halqaro muammosiga aylanib qolmoqda.

Dunyoning turli joylarida yuzaga kelgan ekalogik ofatlar yil sayin ko'payib bormoqda. Insonlar tabiatga tuzatib bo'lmaydigan zarar yetkazmoqdalar. Tabarruk tuproq, zilol suv va musaffo havoning zararlanishi, ifloslanishi, o'simlik va hayvonot dunyosing soni kamayishiga va turli xil kasalliklar kelib chiqishiga sabab bo'lmoqda. Siz bilan men mana shunday salbiy holatlarni oldini olish uchun "Ekalogik madaniyatni" o'zimizda rivojlantirshimiz va kuchaytirishimiz lozimdir.

Asosiy qism: Yer yuzing turli mintaqalarida vujudga kelgan ekalogik muammolar "Ekalogik tanglik", hattoki "Ekalogik halokat" kabi tushunchalarni keltirib chiqarmoqda. Shu o'rinda Muhtaram Prezidentimiz Sh.M.Mirziyoyevning 2017-yil 21 aprel kungi "Ekalogiya va atrof-muhitni muhofaza qilish sohasida davlat boshqarish tizimini takomillashtirish chora-tadbirlar to'g'risida"gi PQ-2915-sonli qarorni ta'minlash maqsadidda Vazirlar Mahkamasi qarori va Vazirlar Mahkamasining 2017 yil 23 Maydagi 310-son qaroriga muvofiq O'zbekiston Respublikasi "Ekalogiya va atrof-muhitni muhofaza qilish davlat qo'mitasi to'g'risida nizom"i yuqorida aytib o'tilgan masalalarni yechimini topishda ahamiyati katta ekanligini aytib o'tishimiz joyizdir. Hozirgi globallashuv sharoitida roqobat tobora kuchayib borayotgani davlatimizni yanada barqaror va jadal sur'atlar bilan rivojlantirish uchun mutlaqo yangi yondashuv hamda tamoyillarini ishlab chiqish va ro'yobga chiqarishni taqazo etmoqda.

Yurtimizda tabiatni asrab avaylash chora-tadbirlaridan yana biri bu O'zbekiston Respublikasi Konstitutsiyasida atrof-muhitni muhofaza qilish va tabiiy resurslardan oqilona foydalanish masalalari bir qator moddalar orqali mustahkamlangan. Ushbu moddalar davlat va fuqarolarning tabiatni asrash borasidagi huquq va majburiyatlarini belgilaydi. Ya'ni 55-modda: "Yer, yer osti boyliklari, suv, o'simlik va hayvonot dunyosini hamda boshqa tabiiy zaxiralar umumilliy boylikdir, ulardan oqilona foydalanish zarur va ular davlat mahofazasidadir". Ushbu qonunga tabiiy resurslarning xalq mulki ekanligini, ulardan oqilona foydalanish lozimligini va davlat tominidan muhofaza qilinishini ta'kidlaydi. Shu bilan birga 100-moddada ham mahalliy davlat hokimiyati organlarining asosiy vakolatlari qatorida "Atrof tabiiy muhitni muhofaza qilish" masalalari ham keltirilgan. Bu modda mahalliy hokimiyat organlarining o'z hududida ekalogik muhofazani ta'minlash borasidagi mas'suliyatini belgilaydi.

Hozirgi vaqtda dunyoda bir nechta jiddiy ekalogik muammolar mavjud bo'lib, ular insoniyat kelajagiga tahdid solmoqda. Ayni paytda eng dolzarb ekalogik muammolar quyidagilar.

1.Global isish va iqlimning o'zgarishi.

2.Havo ifloslaninshi.

3.Suv tanqisligi va ifloslanishi.

4.O'rmonlar kesilishi

5.Plastik va chiqindilar muammosi.

6.Tuproq degetratsiyasi va cho'llanishi

7.Bialogik xilma-xillikning kamayishi.

8.Kimyoviy ifloslanish.

So'z o'rnida aytish joyizki ekalogiyaga insoniyat tomonidan ko'rsatilayotgan zararlar bir qancha. Bu zararlarni oldini olish yoki zararlarni kamaytirishning eng birinchi yechimi bu "Ekalogik madaniyat"ga e'tibor berishdan boshlanadi. Xo'sh ekalogik madaniyat deganda nima tushuniladi.

1.Suvni tejash.

2.Elektr energiyasini tejash.

3.Daraxtlar, o'rmonlar kesilishini oldini olish.

4.Qizil kitobga kiritilgan hayvonlarni, o'simliklarni asrab avaylash.

5.Chiqindilarni maxsus joylarga tashlash.

6.Avtomabillar harakatini rejali qilish.

7.Zavod va fabriklardan chiqayotgan zararli gaz, tutunlarni zararsizlantirish chora-tadbirlarini ishlab chiqish.
8.Ekalogik qonunlarga rioya qilish.

Bularning barchasi ekalogik madaniyatning tamoyillaridir. Ekalogik madaniyat insoniyatning kelajagi uchun muhim bo'lib, uni shakllantirish har bir fuqaroning burchidir. Atrof-muhitga ongli va ma'suliyatli munosabatda bo'lish, ekalogik madaniyatni rivojlantirish va unga amal qilish tabiatni asrab-avaylashga qaratilgan birinchi qadamdir.

Xulosa: Zamonimiz svilizatsiyasi yildan yilga ko'rsatgichi oshib borar ekan, "Eko madaniyat" bugungi kunda biz uchun juda ham kerak. Go'zal ona tabiatimizga oqilona munosabatda bo'lish har birimizning burchimizdir. Xo'sh ekalogik madaniyatni qachondan rivojlantirish kerak? Ekalogik madaniyatni maktabgacha ta'lim yoshidan boshlab bolalarda tabaitni asrab-avaylash va tabiatga g'amxo'r bo'lish bo'yicha ko'nikmalarni hosil qilib borish lozim. Jumladan o'zlarining kichik bog'lariga ko'chatlar, gullar ekish. Chiqindilarni maxsus joylarga tashlashni o'rgatish. Hayvonlarga mehribon bo'lishlikni ko'rsatib borish ekalogik madaniyatni rivojlantirishning ilk qadamidir. Maktab yoshidagi o'quvchilar uchun ekalogiyaga oid yangi darsliklar va yangi qo'llanmalarni joriy qilish lozim. Hozirgi zamonning global muammolarini maktab yoshidanoq o'rgatib borish darkor. Aholi o'rtasida eko madaniyat haqida turli xil smenar-treninglar tashkil etilishi orqali, ekalogiya haqida kengroq tushuncha berib borilishi o'z navbatida ularda eko madaniyatini mujassamlashtirib boradi. Olam rivoji o'z navbatida tabiatni asrash bo'yicha yangi qonun-qoidalarga ehtiyoj sezmoqda. Zarurati bo'lsa yangi qonun-qoidalar ishlab chiqish va unga amal qilish eko madaniyatning shakllanganidandir. Chiqindilarni utilizatsiya qilish ya'ni eskirgan buyumlarni qayta ishash, yo'q qilish yoki ekalogik xavfsiz usulda foydalanishga yaroqli holga keltirish iqtisodiy jihatdan ham foydalidir. Ekalogik madaniyat bilan yashil makonni kengaytirish, o'simlik va hayvonot olamini muhofaza qilish, chiqindilarni maxsus joylarga tashlash tabiatni asrab avaylashga qo'shgan hissamizdir. Tuproq degetratsiyasi ya'ni tuproqning unumdorligini pasayishi, fizik,kimyoviy va biologik xususiyatlaring yomonlashishi jarayonidir. Bu jarayon natijasida yer qishloq xo'jaligi uchun yaroqsiz holga kelishi, o'simliklar o'sishi susayishi va ekotizimlar zarar ko'radi. Tuproqni zararli kimyoviy moddalardan asrashimiz o'z navbatida yashil makoni ko'paytirishimizga yordam beradi. Shuni unutmaslik kerakki bizga ota-bobolarimizdan qolgan bu zamin bu ona tabatni, bizdan keying avlodga asrab-avaylab yetqazib berish har birimizning burchimizdir.

Foydalanilgan adabiyotlar:

1."Ekalogiya". Q.X.Muftaydinov, H.M.Qodirov, E.Yu.Yulchiyev. Toshkent 2020.

O'zbekiston Respublikasi Konstitutsiyasi.

2."Ekalogiya huquqi". Toshkent davlat Yuridik Universiteti. (2018-yil)

Yo'qolib borayotgan yovvoyi mushuksimonlar oilasi.

Kocherova Umida

Alfraganus Universiteti
Tibbiyot kafedrasi, farmasevtika yo'nalishi
2-kurs 201-guruh talabasi

Annotatsiya: Ushbu maqolada yo'qolib borayotgan yovvoyi mushuksimonlar oilasi haqida umumiy ma'lumot, hayvon nomlari, geografik yashash yerlari, ularning tabiatdagi o'rni, turini saqlab qolish profilaktikasi hamda

O'zbekiston Respublikasi Prezidentining 19.09.2016 yildagi O'RQ-408 sondagi qarorlariga muvofiq "Hayvonot dunyosini muhofaza qilish va undan foydalanish to'g'risida" gi chora-tadbirlari yoritilgan.

Kalit so'zi: Sumatra yo'lbarsi, Malta yo'lbarsi, Barxan mushugi, Oq arslon, Tilla mushuk, Serval, Margay, Ispan silovsin, Sumatra mushugi, Qor arsloni.

Аннотация: В данной статье представлена общая информация об исчезающем семействе диких кошачьих, освещены названия животных, географические места их обитания, их место в природе, профилактика сохранения вида, Закон Республики Узбекистан "Об охране и использовании животного мира" от 19.09.2016 № УП-408.

Ключев слова: Суматранский тигр, мальтийский тигр, барханная кошка, белый лев, золотая кошка, сервал, маргай, испанская рысь, суматранская кошка, снежный барс.

Annotation: Endangered wild in this article general information about the family of cats, animal names, profile of Living Lands, their place in nature, the preservation of the type O'RQ-408 of the president of the Republic of Uzbekistan on

19.09.2016 in accordance with the decisions of the "protection of the animal world and from it about " measures covered.

Key words: Sumatran tiger, Maltese tiger, Barkhan cat, White lion, Golden cat, Serval, Margay, Spanish lynx, Sumatran cat, Snow lion.

Yildan yilga ekologiyamizdagi salbiy o'zgarishlarning ortib borishi, insoniyatning tabiatga nisbatan oqilona munosabatda bo'lmasligi o'simliklar dunyosidan tashqari hayvonot olamiga ham oz' ta'sirini ko'rsatib kelmoqda. Iqlimning isishi, havoning ifloslanishi bir tomoning sababi bo'lsa ikkinchi tomondan brokonerlarning noqonuniy shavqatsiz harakatlari ham ko'plab noyob jonivorlarning turi kamayishiga olib kelmoqda. Soni yildan yilga kamayib turlari yaqin yillarda butkul yo'qolib ketish xavfi ostida bo'lgan hayvonlar oilasidan biri bu "Yovvoyi mushuksimonlar oilasi"dir. Mushuksimonlar oilasi haqida qisqacha to'xtalib o'tadigan bo'lsam bu oilaga kiruvchilarning o'tkir qayrilgan tirnoqlari maxsus xaltachaga kirib turadi. Xidni yaxshi sezmasa ham lekin juda yaxshi eshitish qobiliyatiga ega bo'lishadi. Mushuksimonlar oilasiga kiruvchi ba'zi turlaring terisi noyob hisoblanadi. Anatomik tuzilishiga qarab ham uchrash yashash joylari turli xil.

Ba'zilari nam o'rmonlarda yashasa ba'zi turlari sahrolarda, baland tog'larda xatto daraxtlarda yashab yerga tushmaydigan turlarini ham uchratishimiz mumkin. O'zimizning hududimizda esa bu oilga kiruvchi Barxan mushugi va silovsinlarni uchratishimiz mumkin. Ular tog'li hududlarda hayot kechirishadi. Soni esa yildan yilga kamayib bormoqda. Buning oldini olish uchun va bu turlarni saqlab qolish uchun Respublikamizda ko'plab qo'riqxonalar tashkil qilingan. Misol uchun Badayto'qay, Qizilqum, Zarafshon, Surxon va Hisor davlat qo'riqxonalari, Chotqol biosfera qo'riqxonasi, bir qancha milliy bog'lar shular jumlasidandir.

(a) (b)

Bundan tashqari 2016- yilda qabul qilingan va qayta ko'rib chiqilgan O'RQ-408 "Hayvonot dunyosini muhofaza qilish va undan oqilona foydalanish " qarori tasdiqlandi. Bu qarorga binoan yovvoyi hayvonlarni saqlab qolish, tiklash va takror ko'paytirish, ularni yashash muhitini, urchish joylari va ko'chib o'tish yo'llarini saqlab qolish, ov qilish joylari mahsuldorligini oshirishga qaratilgandir. Ilmiy asoslangan tadbirlar majmui ham mavjuddir.

Hozirgi kunda esa butun yer yuzida yovvoyi mushuksimonlar oilasining barcha turlari yo'qolish arafasida turganligidan xabaringiz bormi? Keling shunday noyob tur egalari haqida tanishib chiqsak.

Sumatra yo'lbarsi -Indoneziyaning Sumatra orollarida yashaydi yo'qolib ketish xavfi ostida. 2016-yilda atigi 300 tani tashkil qilgan.

Malta yo'lbarsi- o'ziga xosligi shundagi uning rangi havorang bo'lib Himolay tog' tizmalarida yashaydi. Uning noyobligidan insoniyat juda kam marotaba uchratgan.

Barxan mushugi- issiq va qurg'oqchilikni yaxshi ko'radi va sahrolarda yashaydi. O'zini juda yaxshi yashirin himoya qiladi. Lekin brakonerlar tomonidan ovlanib soni keskin kamayib bormoqda.

Oq arslon- alohida tur hisoblanmaydi, chunki bunday rangdagi arslonlar faqat genetik kasallikdan kelib chiqadi va hayotda kamdan-kam uchraydi.

Tilla mushuk-ekvatorial Afrika o'rmonlarida hayot kechirib bunday rangdagi mushuklar soni juda kam.

Serval -bu gepard va silovsin chatishmasidan kelib chiqan bo'lib tabiati bo'yicha xonaki uy mushuklar tabiatiga yaqin. Odamlarga tez o'rganib yashash harakteriga ega jonivor hisoblanadi.

Margay -Janubiy Amerikaning nam va qalin o'rmonlarida yashaydi. Butun hayotini daraxtda o'tkazadi. Brakonerlarning asosiy o'ljasi hisoblanadi. Chunki terisi juda noyob va qimmat baholanadi.

Ispan silovsin-sayyoraning eng noyob hayvonlardan biri hisoblanadi. Tur populyatsiyasi atigi 100 tani tashkil qiladi. Tur soni ancha kam bo'lsa ham brakonerlar tomonidan ovlanishi davom etmoqda.

Sumatra mushugi- ushbu oilga kiruvchi bu jonivor shu qadar noyob bo'lib soni qancha ekanligi ma'lum emas.

Qor barsi-faqat Markaziy Osiyoning baland tog'larida uchraydi. Bu jonivorni ov qilish qatiyan man qiladi.

So'zim isboti ila shunday noyob jonivorlar yo'qolib, soni kamayib borayotgan ekan ularni asrab avaylashimiz darkor. Bu yer bu ona zamin hammamizniki. Betokror tabiatimizga mehr ila munosabatda bo'lishimiz har birimizning muqaddas burchimizdir.

Foydalanilgan adabiyotlar.

1.O'zbekiston Respublikasi Prezidentining 19.09.2016 yildagi O'RQ-408-sonli qarori.

2 . Mavlonov O. Davlat ilmiy nashriyoti Toshkent-2017

3.A. G'afurov, A. Abdukarimov, J.Tolipova, O.Ishankulov,
M.Umaraliyev,I.Abduraxmonova.Toshkent-2018.

Uyqu chaqiruvchi dori preparatlarning tasnifi va ularning farmakologik xususiyatlari.

Toshkent shahar
Alfraganus Universiteti
Tibbiyot fakulteti Farmatsiya yo'nalishi
2-bosqich talabasi Kocherova Umida Anvarovna

Annotatsiya: Ushbu maqolada uyqu chaqiruvchi dori preparatlari haqida kengroq tasnif berilgan. Ularning sinflari haqida ma'lumotlar keltirilgan va zamonaviy tibbiyotda ulardan foydalanishning ilmiy asoslari keltrilgan. Uyqu chaqiruvchi dori preparatlaring farmakologik xususiyatlari haqida ma'lumot berilgan. Shu bilan bir qatorda uyqu chaqiruvchi dori preparatlarining doimiy qo'llanilishi natijasida inson organizmda sodir bo'ladigan mexanizmlari va salbiy oqibatlari haqida yoritilgan. Uyqu chaqiruvchi preparatlardan qanday foydalanish va bunday kuchli ta'sirga ega bo'lgan dori preparatlarining dorixona faoliaytidagi chakana savdosi qanday amalga oshirilishi bayon etilgan. O'zbekiston Respublikasi davlat reystridan o'tgan uyqu chaqiruvchi dorilar ro'yhati ko'rsatilgan. Shu qatorda bunday prepatlarni uy sharoitida qanday saqlanishi haqida ham maslahatlar ko'rsatib o'tilgan.

Kalit so'zlar: gipnotiklar, benzodiazepinlar, melatonin, barbituralar, antigistaminlar, farmakoterapiya, uyqusizlik, uyqu buzulishi, uyqu apnoesi, kumulyatsiya,lipofil, trankvilizator

Kirish: Uyqu bosh miya katta yarimsharlari po'stloq qismidagi nerv markazlarining tormozlanishi natijasida hosil bo'ladigan fiziologik holatdir. Uyqu vaqtida analizatorlarning faoliyati pasayadi yoki butunlay yo'qoladi. Shartli reflekslar hosil bo'lmaydi. Shuni ta'kidlash lozimki uyqu vaqtida markaziy nerv sistemasing quyi qismlari ish faoliyati butunlay yo'qolmaydi ya'ni odamning hayotini ta'minlaydigan organlar ishini boshqaradi (yurak-qon tomir, nafas olish tizimi, buyrak, endokrin sistema). Shuning uchun uyqu vaqtida bu organlarning ishi pasayadi xolos. Insoning kun davomida sutkalik fiziologik normal uyqu o'rtacha 8 soatni tashkil qiladi. Uyquning kam yoki ko'p bo'lishi patalogik omillarning kelib chiqishiga sabab bo'ladi. 7 soatdan kam uyqu uzoq muddat davom etsa yurak-qon tomir kasalliklari, semizlik, depressiya va xotira muammolariga olib kelishi mumkin. Doimiy 10 soatdan ko'p uyquning davom etishi esa ba'zi garmonlarning faoliyatiga salbiy ta'sir ko'rsatishi bilan bir qatorda uyqu apnoesiga ham sabab bo'lishi mumkin ya'ni bu uyqu paytida nafas olishning qisqa muddatli to'xtab qolishiga sabab bo'ladi. Fiziologik uyquning buzilishi, kelib chiqish sabablari turli xil. Bunga tashqi va ichki omillar bog'liq holda yuzaga keladi. Asosiy sabablar stress, depressiya, tashvishli va xavotirli o'y xayollar ya'ni psixologik va emotsional o'zgarishlardir. Organizmning ichki muhit faoliaytining salbiy o'zgarishlari masalan surunkali og'riqlar (revmatizm,artroz). Endokrin tizimidagi patalogik holatlar ham uyqu rejimi yomonlashtiradi. Shu qatorda nevrologik kasalliklar ham uyqu tartibini salbiylashtiradi (Parkinson, Altsgeymer). Kofein, nikotin va alkagol kabi moddalar yoki bo'lmasa antidepresantlar, kortikosteroidlar ba'zi yurak dorilari uyqu normalligini buzadi. Yashash turmush tarzi ham o'z ta'sirini ko'rsatadi masalan uyali aloqalardan, gadjetdan foydalanish, shovqin yoki yorug' xona, tungi smenada ishlash kabi hayotiy tarzlar ham uyqu tartibini buzadi.

Asosiy qism: Uyqu chiqaruvchi dori preparatlari ma'lum sharoitda tabiiy uyquga yaqin uyqu holatini keltirib chiqaradigan farmakologik moddalarga aytiladi. Uyqusizlikni bartaraf etish uchun foydalaniladigan dori preparatlarini qo'llashdan oldin uyqusizlikning sabablarini aniqlash darkor. Birinchi galda ushbu sabablarni yo'qotish tadbirlari ko'riladi. Uxlatadigan dori vositalariga quyidagi talablar qo'yiladi:

-uyquning kechishi, tuzilishi va muddati tabiiy uyquga yaqin bo'lishi;

- tanada yig'ilib qolmasligi;

- uyqudan keyin noxush holatlar bo'lmasligi;

-qaramlik chaqirmasligi;

-allergik va shunga o'xshash salbiy ta'sir ko'rsatmasligi kerak. Afsuski, mavjud dori vositalari bularga to'liq javob bermaydi. Uyqu chaqiruvchi dori preparatlariga geterosiklik birikmalar-barbituralar (fenobarbital, benzonal, benzobamil, geksamidin). Alifatik birikmalar (xloralgidrat, bromizoval). Trankvilizatorlar guruhiga kiruvchi preparatlar –benzodiazepinlar (klonazepam,nitrozepam,sibazon)

Barbituralar asosiy uyqu preparatlari hisoblangan. Lekin keying vaqtlarda ular o'z mavqeyini yo'qotgan. Chunki barbituralar keltirib chiqaradigan uyqu kechishi bo'yicha tabiiy uyqudan farqlanadi. Ya'ni uyqu chuqur bo'lmasdan uyg'onib turish, uyqudan keying uyg'onish davrida noxush xolatlarni keltirib chiqaradi. (lanjlik, mudrash). Barbituralar qayta-qayta berilganda kumulatsiya (tanada yig'ilish), qaramlik holatlarini yuzaga keltiradi. Barbituralar O'zbekiston davlat reystriga kiritilmagan. Ulardan fenobarbital va etaminal-natriy preparatlari O'zbekiston davlat reystriga kiritilgan va tibbiyot amaliyotida ishalatiladi. Barbituralar kuchsiz kislotallik xususiyatga ega bo'lagani uchun oshqozon va ingichka ichakda yaxshi so'riladi lipofil (yog'da oson eriydi) xususiyatiga ega bo'lganligi uchun gematoensefalik to'siqdan o'tadi va markaziy nerv sistemasiga ta'sir ko'rsatadi. Etaminal natriy preparatining eritmasi venaga yuborish yo'li bilan qisqa muddatli narkoz olish uchun ishlatiladi.

Benzodiazepin guruhiga kiruvchi preparatlar trankvilizatorlar hisoblanadi va tinchlantiruvchi ta'sir ko'rsatib, uyqu kelishini tezlashtiradi. Bulardan nitrozepam samarali hisoblanadi. Ushbu dori vositalari-benzodazepinlar past ishqoriy xususiyatli bo'lgani uchun asosan o'n ikki barmoqli ichakda so'riladi. Organizmda qon bilan tarqaladi, 60-95% qondagi oqsillar bilan bog'lanadi. Asosan, jigarda mikrosomal fermentlar ta'sirida oksidlanadi va o't bilan chiqib ketadi. Bu preparatlar uyqu tuzilishiga ta'sir etmaydi, ya'ni uyquga o'xshash uyqu chiqaradi, kumulatsiya va noxush holatlarni keltirib chiqarmaydi. Mikrosomal fermentlarga ta'sir etmaydi. Uyqusizlikning hamma turlarida keng qo'llaniladi. Nitrozepam O'zbekiston davlat reystriga kiritilgan va tibbiyot amaliyotida keng ishlatiladi. Nitrozepam homiladorlik davrida tavsiya etilamydi.

Piperidin unumlaridan nokseron ham tibbiyotda keng qo'llaniladi. Nokseron ayrim mintaqalarda ro'yxatdan o'tgan va cheklangan miqdorda qo'llaniladi. U benzodiazepinlar kabi kuchli trankvilizator emas, balki yumshoqroq, metabolic va nootrop vosita hisoblanadi.

Hozirgi kunda 3 avlodga mansub yangi uxlatuvchi dorilar (zolpidem-ivadol, zopiklon-imavon) tibbiyot amaliyotiga kirib keldi. Bu preparatlar imidazopiridin va sikloparalon unumlaridir. Uxlatuvchi preparatlar qo'llanilganda, o'rganib qolish yoki ulardan ajralib qolish xavfi, abstinensiya sindromlari yuzaga chiqishi mumkin. Shu bilan birga bu preparatlar qo'llanilganda, allergik reaksiya, teriga qizilchalar toshishi, haroratning ko'tarilishi, markaziy asab sistemasi funksiyasi susayishi, qon bosimining tushishi, jigar va buyrak funksiyasing buzilishi kabi nojo'ya ta'sirlar qayd atiladi.

Uxlatuvchi dorilar bilan zaharlanganda markaziy asab sistemasi tormozlanadi, nafas markazlari falajlanadi, nafas olish yuzaki bo'ladi, bemor terisi oqaradi. Bunday hollarda me'dani yuvish va bemorni qustirish zarur.

Xulosa: Demak, uyqu-aktiv, hayotiy zarur bo'lgan fiziologik jarayondir. Bunda reflektor holatlar yo'qoladi. Mushaklar tonusi pasayadi, miyadagi qon aylanish jarayoni oshadi, nafas susayadi va tana harorati pasayadi. Uyqu chaqiruvchi dorilarga alohida talablar qo'yiladi.

1.Yoqimsiz ta'mli va mahalliy qiqtiqlash ta'siridan xoli bo'lishi;

2.Uyqu davrlariga ta'sir etmasligi va kumulyativ holatlarni yuzaga chiqarmasligi;

3.O'rganib qolish va tobelik bo'lmasligi;

4.Ishlatilishi qulay bo'lishi kerak.

Umuman, uxlatuvchi preparatlar uyqusizlikning sabablariga ta’sir etmaydi, ular uyqu holatini yuzaga chiqarish uchun ishlatiladi. Bu dorilar og’riq sezish holating yuzaga chiqishini susaytiradi, lekin og’riq jarayoniga ta’sir etmaydi. Uyqu chaqiruvchi preparatlar kichik dozalarda tinchlantiruvchi-sedativ ta’sir, o’rtacha dozalarda-uxlatuvchi va katta dozalarda narkotik ta’sir ko’rsatadi. Bu dorilar narkotik dori sifatida ishlatilmaydi, chunki ularning narkotik kengligi juda tor.

Uxlatuvchi moddalarga barbitura kislota, piperidin va alifatik birikmalarning unumlari kiradi. Barbituralar uyqu vaqtiga qarab, qisqa muddatga uyqu chaqiruvchi (geksabarbital, geksenal), o’rtacha uyqu chaqiruvchi (etaminal natriy, barbamil) va uzoq uyqu chaqiruvchi (fenobarbital, barbital) barbituratlarga bo’linadi.

Barbitular uyquga ketishdan 30-60 daqiqa oldin ichiladi. Ularni ishqoriy suvlar bilan ichilgani ma’qul. Barbituralar jigarda biotransformatsiyaga uchraydi, qisman o’zgarmasdan, buyrak orqali organizmdan chiqib ketadi. Barbituratlar qisqa vaqt ichida qayta qo’llanilsa kumulyatsiyani yuzaga chiqaradi. Kumulyatsiya jigar va buyrak kasalliklarida tezroq yuzaga chiqadi. Keyingi yillarda uyqu chaqiruvchi preparat sifatida benzodiazepinlar, jumladan, nitrozepam, mazipam, sibazon, trioksazin, diazepam kabi preparatlar keng miqiyosda qo'llaniladi.

Barbituratlardan natriygidroksibutirat-markaziy asab tizimiga ta'sir qiluvchi kuchli uyqu chaqiruvchi va sedativ vosita bo'lib bu preparat mamlakatlarda tibbiy jihatdan qattiq nazorat ostida qo'llaniladi.

Shuni ta'kidlash joyizki agar sizda uyqusizlikdan shikoyatlaringiz bo'lsa, uyqu chaqiruvchi dori preparatlaridan foydalanishdan oldin albatta shifokor bilan maslahatlashing. Chunki ushbu dori preparatlari dorixona tomonidan faqat retsept asosida beriladi. Shu aytib o'tish joyizki ushbu dorilarni uy sharoitida +15 C dan +25 gacha bo'lgan haroratda saqlanadi. Quyosh nuri yoki muzlatkichlarda saqlash taqiqlangan. Asosan quruq va qorong'u joyda saqlanadi. Bolalar yetib bo'lmaydigan yerda hamda o'z qadog'ida saqlash lozim.

Foydalanilgan adabiyotlar.

1.B. Aminov, T.Tilavov, O.Mavlonov. (O'zbekiston Respublikasi Xalq ta'lim vazirligi umumiy o'rta ta'lim maktablari uchun darslik). Toshkent-2014

M.N.Mahsumov, X. Aliyeva, M.A.Odilov, 2.N.A.Musayev. (O'zbekiston Respublikasi oliy va o'rta maxsus ta'lim vazirligi). Toshkent-"Ilm ziyo"-2007
3.F.SH. Toshmuhamedova, H.U.Aliyeva, R.Z.Nizomov. (O'zbekiston Respublikasi oliy va o'rta maxsus ta'lim vazirligi). Toshkent-"Ilm ziyo"-2013.
4.М.Д.Машковскый. "Лекарственные средства". Москва-" Медицина"- 1977.

ENG DORIVOR O'SIMLIK – ALOE VERA: BIOLOGIK FAOL MODDALARI VA TIBBIY FOYDALARI

Toshkent shahar
Alfrganus Universiteti
Tibbiyot fakulteti Farmatsiya yo'nalishi
2-bosqich talabasi Kocherova Umida

Annotatsiya: Ushbu maqolada eng dorivor o‘simliklardan biri — Aloe vera (Aloe barbadensis Miller) o‘simligining biologik tarkibi, shifobaxsh xususiyatlari va zamonaviy tibbiyotdagi qo‘llanilishi haqida ma’lumot berilgan. Aloe vera barglaridagi polisaxaridlar, fermentlar, vitaminlar va boshqa faol moddalar asosida u organizmga ko‘plab foydali ta’sirlar ko‘rsatishi ilmiy adabiyotlar asosida yoritilgan.

Kalit so‘zlar: Aloe vera, dorivor o‘simlik, polisaxarid, antioksidant, fitoterapiya.

Kirish: O‘zbekiston tabiatida ko‘plab dorivor o‘simliklar mavjud bo‘lib, ular orasida Aloe vera eng qadimiy va samarali hisoblanadi. Mahalliy xalq tabobatida “sabrsabur” nomi bilan tanilgan bu o‘simlik teri kasalliklaridan tortib, ichki organlar muammolarigacha davolashda qo‘llanib kelinadi. Uning foydali xususiyatlari haqida qadimiy yozma manbalarda ham eslatib o‘tilgan.

Asosiy qism: Lotincha nomi: Aloe vera (yoki Aloe barbadensis Miller)

Asphodelaceae oilasiga tegishli ko'p yillik, sukkulent o'simlik hisoblanadi.

Vatanı: Shimoliy Afrika, Arabiston yarimoroli. Hozirda aloy vera dunyoning deyarli barcha issiq iqlimli hududlarida (jumladan O'zbekistonda ham) yetishtiriladi. Aloy vera barglari qalin, go'shtli va suyuqlikka boy.

Barglarining chetlari tishli, ichki qismida esa tiniq jel (gel) mavjud.

O'simlik balandligi odatda 60–100 sm gacha yetadi. Aloy vera bargidagi gel (ichki qismi) quyidagi foydali moddalarga boy:

Vitaminlar: A, C, E, B1, B2, B3, B6, B12, foliy kislotasi

Minerallar: Kaltsiy, magniy, kaliy, natriy, mis, marganets, rux, temir

Fermentlar: Amilaza, lipaza, katalaza

Aminokislotalar: 20 dan ortiq, shu jumladan 8 ta muhim (essential) aminokislota

Polisaxaridlar: Acemannan – immunitetni kuchaytiruvchi modda.

Saponinlar, antraxinonlar (faqat qobig'ida) – antiseptik xususiyatga ega.

Aloy veranini foydali xususiyatlari:

Terini tiklaydi va parvarishlaydi

– Quyosh kuyig'i, kesiklar, akne, dermatit, ekzema, quruqlik va yallig'lanishda foydali.

– Krem, loson va niqoblar tarkibida keng ishlatiladi.

Yallig'lanishga qarshi va antiseptik ta'sir

– Ichki va tashqi yallig'lanishlarga qarshi kurashadi.

Immunitetni mustahkamlaydi

– Gelidagi acemannan moddasi virus va bakteriyalarga qarshi himoya qiladi.

Ichak faoliyatini yaxshilaydi

– Aloy vera sharbati ich qotishida tabiiy yumshatuvchi vosita sifatida ishlatiladi.

Qon shakarini pasaytirishi mumkin

– Aloy vera diabetga chalinganlarda glukozani tartibga solishda yordam berishi mumkin (ammo bu faqat shifokor nazorati ostida).

Ehtiyot bo'lish kerak bo'lgan holatlar:

Homiladorlar va emizikli ayollar: foydalanish tavsiya etilmaydi.

Ichki iste'molda haddan tashqari foydalanish: diareya, elektrolit buzilishlari, buyrak faoliyati buzilishi keltirib chiqarishi mumkin. Aloy vera mahsulotlariga ayrim odamlar sezgir bo'lishi mumkin. Kosmetologiya Krem, niqob, loson, tonik sifatida ham foydalaniladi. Tibbiyot jarohatlar, kuyishlar, teri kasalliklarida va

xalq tabobati sifatida sharbati, damlamasi, surtmalari foydalaniladi.

Oziq-ovqat sanoati Aloe vera sharbatlari, bioaktiv qo‘shimchalar. Uy sharoitida quyidagicha foydalanish lozim.

1. Bargni yuvib, o‘rtasidan kesiladi.

2. Ichki gel qismi ajratib olinadi.

3. To‘g‘ridan-to‘g‘ri teriga surtiladi yoki sharbat tayyorlanadi (fakat me’yorida!).

Tibbiyotdagi qo‘llanilishi:

Teri kasalliklarida: Aloe vera gelining yara bitkazuvchi, bakteritsid va antifungal xususiyatlari bor. Kuyish, ekzema, psoriaz kabi kasalliklarda keng qo‘llaniladi. Hazm tizimi uchun: Ich qotishida laksativ sifatida qo‘llaniladi. Aloe gelining ichilishi oshqozon-ichak faoliyatini yaxshilaydi, shilliq qavatni tiklaydi.

Immun tizimiga ta’siri: Acemannan moddasining viruslarga va bakteriyalarga qarshi ta’siri ilmiy jihatdan tasdiqlangan. U immun hujayralar faolligini oshiradi.

Kosmetologiya sohasida: Aloe vera asosidagi kremlar, losonlar, niqoblar ajinlarni kamaytirish, terini namlantirish, yallig‘lanishni kamaytirish maqsadida ishlatiladi.

Xulosa: Aloe vera — o‘zining ko‘p qirrali biologik xususiyatlari bilan eng dorivor o‘simliklardan biridir. U xalq tabobatida ham, zamonaviy tibbiyotda ham keng qo‘llaniladi. Tadqiqotlar bu o‘simlikning hali to‘liq o‘rganilmagan ko‘plab shifobaxsh jihatlari mavjudligini ko‘rsatmoqda. Aloe veraning dorivor mahsulotlar ishlab chiqarishda qo‘llanilishi istiqbollari juda keng.

Foydalanilgan adabiyotlar:

1. Karimov A.X., G‘ofurov S.A. – Dorivor o‘simliklar (O‘zbekiston Milliy Ensiklopediyasi nashriyoti, Toshkent, 2018).

2. Xolmatov M.M. – Fitoterapiya asoslari (Toshkent tibbiyot akademiyasi nashriyoti, 2020).

3. O‘zbekiston Respublikasi Fanlar Akademiyasi nashri – O‘simliklar ensiklopediyasi, 2-jild, (Toshkent, 2017).

4. Qo‘chqorov B.O. – Aloe vera va uning dorivor xususiyatlari, “Tibbiyot va hayot” jurnali, 2021, №2.

5. Avezov D.A. – Tabiiy dorilar: fitokimyo va farmakologiya, Toshkent farmatsevtika instituti nashriyoti, 2019.

Penitsillin: birinchi antibiotik va uning tibbiyotdagi o‘rni.

Alfraganus Universiteti
Tibbiyot fakulteti farmasevtika yo'nalishi
2-kurs talabasi Kocherova Umida

Anvarovna.

Kirish: XX-asr boshlarida infeksion kasalliklar insoniyat uchun eng xavfli illatlardan biri hisoblanardi. Oddiygina o‘pka yallig‘lanishi, teri infeksiyalari yoki yaralar oqibatida ko‘plab bemorlar hayotdan ko‘z yumardi. 1928-yilda shotlandiyalik olim Aleksandr Fleming tomonidan kashf qilingan penitsillin dori vositasi tibbiyot tarixida tub burilish yasadi. Ushbu antibiotikning yaratilishi va amaliyotga joriy etilishi millionlab insonlarning hayotini saqlab qolgan bo‘lib, uni ko‘pincha “mo‘’jizaviy dori” deb atashadi.

Asosiy qism: Penitsillinning kashf etilishi

1928-yil sentyabr oyida Fleming London shahridagi Sent-Meri shifoxonasi laboratoriyasida ishlayotganda, tasodifan Petri idishidagi Staphylococcus aureus koloniyalari ustida yashil mog‘or zamburug‘i (Penicillium notatum) o‘sib chiqqanini kuzatdi. U zamburug‘ atrofida bakteriyalar nobud bo‘layotganini payqadi. Shundan so‘ng Fleming yangi moddani “penitsillin” deb atadi.

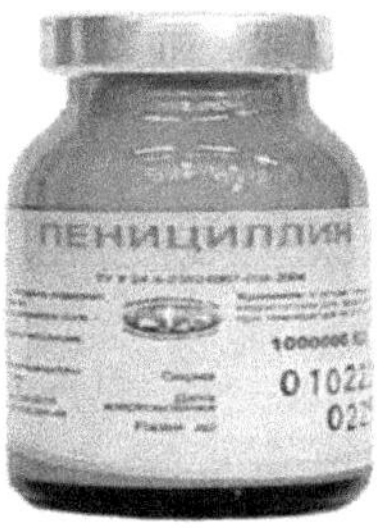

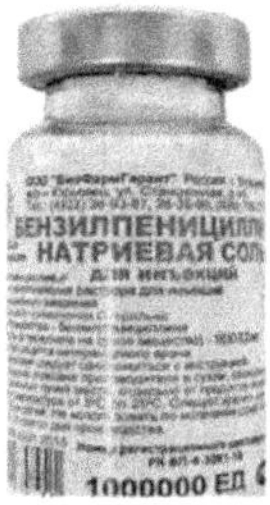

Dastlab, penitsillinning toza shaklini ajratib olish qiyin bo‘lgani uchun u amaliyotda ishlatilmadi. 1939-yilda Xovard Flori va Ernest Cheyn boshchiligidagi Oksford universiteti olimlari penitsillinni katta miqdorda ishlab chiqarish texnologiyasini yaratdilar. Ikkinchi jahon urushi davrida penitsillin front ortida yarador askarlarning hayotini saqlab qolishda keng qo'llanildi.

Penitsillinlar – β-laktam antibiotiklari guruhiga kiradi. Ularning asosiy ta'sir mexanizmi bakterial hujayra devorini sintez qiluvchi fermentlarni bloklashdir. Natijada bakteriya devori yemiriladi va mikroorganizmlar nobud bo'ladi.

Penitsillinlar ko'plab gram-musbat bakteriyalarga (streptokokk, stafilokokk, pnevmokokk) va ayrim gram-manfiy mikroorganizmlarga qarshi samarali ta'sir ko'rsatadi. Ular asosan quyidagi kasalliklarda qo'llanadi:

angina va tonzillit,

o'pka yallig'lanishi,

teri va yumshoq to'qima infeksiyalari,

sifilis va boshqa zaxm kasalliklari,

jarrohlikdan keyingi asoratlarning oldini olish.

Shu bilan bir qatorda Penitsillin tibbiyotda juda keng tarqalgan va arzon antibiotiklardan biridir. Uning asosiy afzalliklari:

-yuqori samaradorlik,

-past toksiklik,

Shu bilan birga, penitsillinlarning kamchiliklari ham bor. Ularning eng muhim muammosi –

bakterial rezistentlik, ya'ni mikroblarning dori ta'siriga chidamlilik hosil qilishi. Bundan tashqari, penitsillinlar ba'zan allergik reaksiyalar (to'shma, qichishish, anafilaktik shok) keltirib chiqarishi mumkin.

Penitsillinning yaratilishi tibbiyot tarixida eng buyuk kashfiyotlardan biri sifatida e'tirof etiladi. Uning tufayli ilgari o'limga olib keluvchi ko'plab kasalliklar davolanishi mumkin bo'ldi. Keyinchalik, penitsillin asosida yuzlab yangi antibiotiklar sintezi qilindi. Shunga qaramay, hozirgi kunda ham penitsillinlar o'z ahamiyatini yo'qotmagan, chunki ular ko'plab kasalliklarda birinchi tanlov dorisi bo'lib qolmoqda.

Biroq, antibiotiklarning noto'g'ri va nazoratsiz qo'llanishi bakteriyalarning chidamliligini oshirib yubormoqda. Shu sababli penitsillin va boshqa antibiotiklardan oqilona foydalanish, faqat shifokor tavsiyasiga binoan qo'llash muhim ahamiyat kasb etadi.

Xulosa: Penitsillin – insoniyat tarixida tibbiyot rivojiga beqiyos hissa qo'shgan birinchi antibiotikdir. U millionlab insonlarning hayotini saqlab qolib, sog'liqni saqlash tizimida inqilob yasadi. Hozirgi kunda ham penitsillin va uning hosilalari ko'plab infeksion kasalliklarda asosiy davolash vositasi bo'lib xizmat qilmoqda. Shu bilan birga, antibiotiklardan oqilona foydalanish va rezistentlikka qarshi kurashish kelajak avlodlar salomatligi uchun muhim vazifa bo'lib qolmoqda

Foydalanilgan adabiyotlar.

1. Abdullayev A.A., Karimov B.X. Mikrobiologiya va virusologiya. – Toshkent: Tibbiyot nashriyoti, 2017.
2. Rahmatullayev R.R. Farmakologiya: Darslik. – Toshkent: Tibbiyot nashriyoti, 2019.
3. Jo'rayev Sh.M. Infeksion kasalliklar. – Toshkent: Ilm-Ziyo, 2020.
4. O'zbekiston Respublikasi Sog'liqni saqlash vazirligi. Antibiotiklardan oqilona foydalanish bo'yicha klinik tavsiyalar. – Toshkent: SSV, 2021.
5. Rustamov O.T. Farmatsevtik ensiklopediya. – Toshkent: O'zbekiston milliy ensiklopediyasi, 2018.

Advantan® (0,1% metilprednizolon aseponat) mazining klinik qo'llanilishi va farmakologik xususiyatlari.

Alfraganus Universiteti
Tibbiyot fakulteti farmasevtika yo'nalishi
2-kurs talabasi Kocherova Umida Anvarovna.

Clinical Use and Pharmacological Properties of Advantan® (0.1% Methylprednisolone Aceponate) Ointment.

Kocherova Umida Anvarovna, 2nd year student, Faculty of Medicine, Department of Pharmacy, Alfraganus University.

Annotatsiya:

Mazkur maqolada Advantan® (0,1% metilprednizolon aseponat) mazining dermatologik kasalliklarda qo'llanilishi va farmakologik xususiyatlari yoritilgan. Preparat mahalliy glukokortikosteroid sifatida yallig'lanishga qarshi, allergiyaga qarshi va immunosupressiv ta'sir ko'rsatadi. Advantan atopik dermatit, ekzema, kontakt dermatit va allergik dermatozlarda samarali hisoblanadi. Klinik tadqiqotlar preparatning yuqori samaradorligi va nisbatan xavfsizligini ko'rsatgan. Mahalliy qo'llanganda sistemik so'rilishi juda past bo'lib, bolalar va kattalarda qisqa muddatli davolashda yaxshi natija beradi. Preparatning qo'llash usullari, dozalash rejimi, qarshi ko'rsatmalar va ehtiyot choralariga ham e'tibor qaratilgan.

Annotation:

This article discusses the clinical application and pharmacological properties of Advantan® (0.1%

methylprednisolone aceponate) ointment in dermatological diseases. As a topical glucocorticosteroid, it exhibits anti-inflammatory, antiallergic, and immunosuppressive effects. Advantan is effective in atopic dermatitis, eczema, contact dermatitis, and allergic dermatoses. Clinical studies have demonstrated its high efficacy and relative safety. When applied topically, systemic absorption is minimal, ensuring good outcomes in both children and adults during short-term treatment. The article also highlights administration methods, dosage, contraindications, and safety considerations.
Kalit so‘zlar:

Advantan®, metilprednizolon aseponat, mahalliy glukokortikosteroid, atopik dermatit, ekzema, allergik dermatoz, farmakologik xususiyatlari.

Keywords:

Advantan®, methylprednisolone aceponate, topical glucocorticosteroid, atopic dermatitis, eczema, allergic dermatoses, pharmacological properties.

Kirish: Dermatologik kasalliklar, jumladan atopik dermatit, ekzema va allergik dermatozlar pediatriya va umumiy tibbiyot amaliyotida keng uchraydi. Ushbu kasalliklar bemorlarning hayot sifatiga jiddiy ta’sir ko‘rsatadi: doimiy qichishish, uyquning buzilishi, psixoemotsional holatning yomonlashuvi va ikkilamchi infeksiyalar qo‘shilishi bilan kechadi. Davolashning asosiy maqsadi – yallig‘lanish jarayonini kamaytirish, allergiki reaksiyani nazorat qilish va terining himoya funksiyasini tiklashdir. Mahalliy glukokortikosteroidlar (GKS) zamonaviy dermatologiyada birinchi qator preparatlar qatoriga kiradi. Ularning ichida Advantan® (0,1% metilprednizolon aseponat) keng qo‘llanilib, klinik samaradorligi va nisbatan xavfsizligi bilan ajralib turadi. Preparat mazь, krem va emulsiya shakllarida ishlab chiqariladi.

Asosiy qism.

Faol modda – metilprednizolon aseponat, sintetik kortikosteroid. U glukokortikoid retseptorlari

bilan bog'lanib, yallig'lanish mediatorlari (prostaglandin, leykotrien, gistamin) sintezini to'xtatadi. Natijada:
yallig'lanishga qarshi ta'sir,
allergiyaga qarshi ta'sir,
immunosupressiv (mahalliy immunitetni pasaytiruvchi) ta'sir yuzaga keladi.
Preparat teriga surtganda asosan mahalliy ta'sir ko'rsatadi, sistemaga so'rilishi juda past. Klinik tadqiqotlar shuni ko'rsatadiki, metilprednizolon aseponat qon plazmasiga juda oz miqdorda o'tadi va organizmda tez parchalanadi, bu esa nojo'ya ta'sirlar xavfini kamaytiradi.

Klinik qo'llanish sohasi.

Advantan turli yallig'lanishli va allergik teri kasalliklarida qo'llaniladi. Ular orasida:
Atopik dermatit (neyrodermit) – bolalarda keng tarqalgan allergik teri kasalligi. Advantan qichishishni tezda kamaytiradi va terini tinchlantiradi.
Ekzema – turli shakllari (bolalar ekzema, mikrob ekzema, kasbiy ekzema, disgidrotik ekzema). Preparat yallig'lanish va namlanishni kamaytirib, teri bar'erini tiklashga yordam beradi.
Kontakt dermatit – kimyoviy moddalar, allergenlar yoki mexanik ta'sir natijasida paydo bo'lgan teri shikastlanishlari.

Allergik dermatozlar – turli sabablarga ko‘ra paydo bo‘lgan qizarish, qichishish va shish bilan kechuvchi kasalliklar.

Qo‘llash usuli va dozalash.

Advantan faqat tashqi qo‘llash uchun mo‘ljallangan.

Preparatni zararlangan joyga kuniga 1 marta yupqa qatlam qilib surtiladi.

Kattalarda maksimal qo‘llash muddati – 12 haftagacha,

bolalarda (4 oydan katta) – 4 haftagacha.

Preparatni bezi ostiga, ochiq yaralar yoki shilliq pardalarga surtish tavsiya etilmaydi.

Quruq terida – мазь, namlanishli jarayonda – krem, keng yuzalardagi shikastlanishda – emulsiya shakli qulay hisoblanadi.

Qarshi ko‘rsatmalar.

Advantan quyidagi holatlarda qo‘llanmaydi:

teri tuberkulyoz va sifilitik shikastlanishlari,

virusli infeksiyalar (gerpes simplex, suvchechak),

bakterial va zamburug‘li infeksiyalar,

4 oylikkacha bo‘lgan chaqaloqlar,

preparat komponentlariga allergiya.

Preparat odatda yaxshi o‘zlashtiriladi. Kam hollarda quyidagilar kuzatiladi:

terida qizarish, qichishish, toshma, qurish,

uzoq muddat ishlatganda – teri atrofiyasi, striyalar, teleangiektaziyalar, steroid akne.

Bolalarda teri yupqaroq bo'lgani uchun, dori moddasi tezroq so'rilishi mumkin. Shu sababli pediatriyada faqat qisqa muddatli va shifokor nazorati ostida qo'llanadi.

Advantan lokal kortikosteroidlar ichida samaradorligi va xavfsizligi bo'yicha yaxshi o'rganilgan preparatlardan biridir. Klinik tadqiqotlar (Korting va hammuall., 1999; Gollnick va hammuall., 2006) shuni ko'rsatadiki, metilprednizolon aseponat uzoq muddat qo'llanganda ham sistemik nojo'ya ta'sirlar keltirib chiqarmaydi, chunki teri orqali so'rilishi juda past. Shu bilan birga, u yallig'lanish va qichishishni tezda kamaytiradi.Biroq, Advantan infeksion dermatozlarda qo'llanmasligi kerak. Chunki preparat mahalliy immunitetni susaytirib, mikroorganizmlar ko'payishini tezlashtirishi mumkin. Shu sababli bakterial yoki zamburug'li teri infeksiyalarida uni faqat antimiko'tik yoki antibakterial vositalar bilan kombinatsiyada ishlatish mumkin.

Xulosa.

Advantan® (0,1% metilprednizolon aseponat) – mahalliy qo'llaniladigan glukokortikosteroid bo'lib, atopik dermatit, ekzema va allergik dermatozlarni davolashda yuqori samarali dori vositasi hisoblanadi. Preparatning farmakologik xususiyatlari uning nisbatan xavfsizligini ta'minlaydi, ammo uzoq muddat va nazoratsiz qo'llash nojo'ya ta'sirlarni kuchaytirishi mumkin. Shu sababli, uni faqat shifokor ko'rsatmasiga binoan va belgilangan muddat davomida qo'llash tavsiya etiladi.

Foydalanilgan adabiyotlar.

1. Abdullayev A.A., Karimov B.X. Dermatovenerologiya. – Toshkent: Tibbiyot nashriyoti, 2018.

2. Rahmatullayev R.R. Farmakologiya: Darslik. – Toshkent: Tibbiyot nashriyoti, 2019.

3. Jo'rayev Sh.M. Bolalar dermatologiyasi asoslari. – Toshkent: Ilm-Ziyo, 2020.

4. Xolmatova D.S. Teri kasalliklari va ularning davolash usullari. – Samarqand: SamDU nashriyoti, 2021.

5. O'zbekiston Respublikasi Sog'liqni saqlash vazirligi. Dermatologik kasalliklarni davolash bo'yicha klinik protokollar. – Toshkent: SSV, 2022.

6. Rustamov O.T. Farmatsevtik ensiklopediya. – Toshkent: O'zbekiston milliy ensiklopediyasi, 2017.

O‘zbekiston farmatsevtika tizimi rivojlanishining asosiy
yo‘nalishlari va amaliy muammolari.

Alfraganus University
Tibbiyot fakulteti farmasevtika yo'nalishi
2-kurs talabasi Kocherova Umida Anvarovna

Annotatsiya:
Ushbu maqolada O‘zbekiston farmatsevtika tizimining asosiy tarkibiy qismlari — boshqaruv, biofarmatsevtika, klinik farmatsiya, iqtisodiy va texnologik yo‘nalishlar yoritilgan. Mahalliy darsliklar va ilmiy adabiyotlar asosida, tizimda mavjud bo‘lgan muammolar va ularni hal etish yo‘llari tahlil qilinadi. Maqola, shuningdek, farmatsevtika tizimining xalqaro standartlarga muvofiqligini oshirish yo‘llarini ham ko‘rsatib beradi.

Kalit so‘zlar:
Farmatsevtika, biofarmatsiya, klinik farmatsiya, dorixona, iqtisodiy tahlil, texnologiya, O‘zbekiston.

Kirish

Farmatsevtika sohasi sog'liqni saqlash tizimining ajralmas qismi bo'lib, dori vositalarining yaratilishi, ishlab chiqarilishi, nazorat qilinishi va bemorlarga yetkazib berilishini o'z ichiga oladi. O'zbekiston mustaqillikka erishganidan so'ng, farmatsevtika sohasida qator islohotlar amalga oshirilib, hozirda zamonaviy boshqaruv va texnologik yondashuvlar bilan boyitilmoqda. Ushbu maqolada farmatsevtika tizimining asosiy jihatlari hamda O'zbekistonda bu sohani rivojlantirishda duch kelinayotgan muammolar tahlil qilinadi.

1. Farmatsevtika tizimini boshqarish va tashkil etish.

Farmatsevtika sohasida samarali boshqaruv tizimi mavjud bo'lishi kerak. Umarova Sh.Z. (2020) tomonidan ta'kidlanganidek, dorixona muassasalarining huquqiy maqomi, ularni litsenziyalash va sertifikatlash jarayonlari, dori vositalarining hisobini yuritish va sifat nazorati — barchasi sohani muvaffaqiyatli yuritishda muhim o'rin tutadi. Zamonaviy O'zbekistonda axborot texnologiyalarini joriy qilish, masalan, elektron retseptlar, dorixona boshqaruv dasturlari, dorilar harakati monitoringi tizimlari joriy qilinmoqda.

2. Biofarmatsiya va klinik farmatsiya muammolari.

Biofarmatsiya — dorilarning organizmdagi taqsimoti va ta'sirchanlik xususiyatlarini o'rganadi. Umarova F.A. (2021) biofarmatsevtik nazorat vositalarining dori samaradorligini aniqlashdagi o'rni, ayniqsa generik dorilar bioekvivalentligini aniqlashda muhimligini ko'rsatadi.

Klinik farmatsiya esa dori vositalarining klinik sharoitda qo'llanilishini, dozalanishini va yon ta'sirlarini o'rganadi. Aliyev va Allayeva (2011) darsligida keltirilganidek, klinik farmatsevt — faqat dorixona xodimi emas, balki davolovchi jamoaning a'zosi sifatida dori tanlashda faol ishtirok etishi kerak.

3. Farmatsevtik iqtisodiyot va muammolari.

O'zbekiston farmatsevtika bozorida iqtisodiy barqarorlikni ta'minlash, dorilar narxini nazorat qilish va iste'molchilar huquqini himoya qilish — asosiy vazifalardan biridir. Umarova Sh.Z. (2021) dorilar narx siyosati, subsidiya tizimi va davlat-xususiy sherikchilik asosida dori ta'minotini takomillashtirishni taklif qiladi. Dorilarni qalbakilashtirish holatlari, noqonuniy savdo, importga yuqori darajada bog'liqlik mavjud muammolar sirasiga kiradi.

4. Farmatsevtik texnologiyalar va innovatsiyalar.

Dorilar ishlab chiqarish texnologiyasi — farmatsevtika sohasining eng muhim qismlaridan biridir. Mahmudjaoova K.S. (2013) darsligida ta'kidlanganidek, farmatsevtik texnologiyada dori vositalarining mustahkamligi, eruvchanligi, ta'sir davomiyligi va boshqa fizik-kimyoviy xossalari asosiy e'tibor markazida bo'lishi kerak. Hozirgi kunda innovatsion texnologiyalar — nanoformulyatsiyalar, modifikatsiyalangan erish tizimlari, biochiplar kabilar dunyo miqyosida rivojlanayotgan bo'lsa-da, O'zbekistonda ularning joriy qilinishi sust kechmoqda.

Xulosa.

O'zbekiston farmatsevtika sohasi rivojlanishda bo'lib, bir qator muhim yutuqlarga erishilgan. Shu bilan birga, tizimning boshqaruv, klinik, iqtisodiy va texnologik jihatlarini mustahkamlash, xalqaro standartlarga muvofiqlashtirish zarur. Mahalliy darsliklar asosida olib borilgan tahlillar shuni ko'rsatadiki, sohada kompleks yondashuv, ilmiy-tadqiqot ishlari va kadrlar tayyorlash sifatini oshirish dolzarb masalalardandir.

Foydalanilgan adabiyotlar.

1.Umarova Sh.Z. Farmatsevtikada boshqaruv asoslari. – Samarqand: SamMI, 2021.
2.Umarova Sh.Z. Farmatsevtika ishini tashkil qilish. – Samarqand: SamMI, 2020.

3.Umarova F.A. Biofarmatsiya. – Samarqand: SamMI, 2021.
4.Aliyev X.U., Allayeva M.J. Klinik farmatsiya. – Toshkent, 2011.
5.Umarova Sh.Z. Farmatsevtika iqtisodiyoti. – Samarqand: SamMI, 2021.
6.Mahmudjaoova K.S. Farmatsevtik texnologiya. – Namangan: NamDU, 2013.

Antibiotiklar: O‘zbekiston sog‘liqni saqlash tizimidagi roli, noto‘g‘ri
qo‘llanilishi va qarshilik muammosi.

Alfraganus University
Tibbiyot fakulteti farmasevtika yo'nalishi
2-kurs talabasi Kocherova Umida

Annotatsiya:
Maqolada antibiotiklarning farmakologik ahamiyati, O‘zbekistonda ularning qo‘llanilish holati va antibakterial qarshilikning kengayib borayotgan muammolari yoritilgan. Antibiotiklardan noto‘g‘ri foydalanish oqibatlari, nazorat mexanizmlari va xalqaro tajriba asosida berilgan tavsiyalar ko‘rib chiqilgan. Mahalliy statistik ma’lumotlar, farmatsevtik darsliklar va

sog‘liqni saqlash idoralari ma’lumotlari asosida tahlil berilgan.

Kalit so‘zlar:

Antibiotik, antibakterial qarshilik, dori suiiste’moli, infeksiya, O‘zbekiston, farmakoterapiya.

Kirish.

Antibiotiklar 20-asrning eng muhim tibbiy kashfiyotlaridan biri hisoblanadi. Ular infeksion kasalliklar natijasida yuzaga keladigan o‘lim holatlarini sezilarli darajada kamaytirishga xizmat qilgan. Ammo bugungi kunda ushbu dori guruhidan noto‘g‘ri foydalanish, ayniqsa O‘zbekistonda ham, antibiotiklarga nisbatan bakterial qarshilikning kengayishiga olib kelmoqda. Bu esa sog‘liqni saqlash tizimi oldida jiddiy muammolarni keltirib chiqarmoqda.

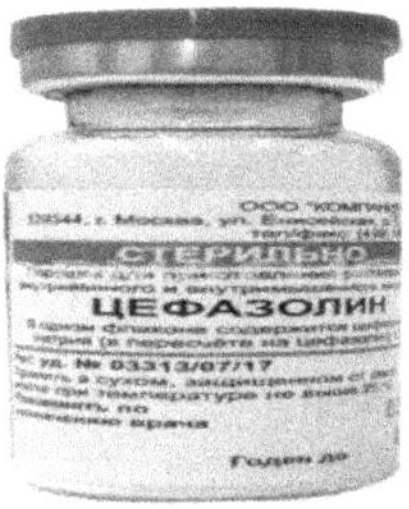

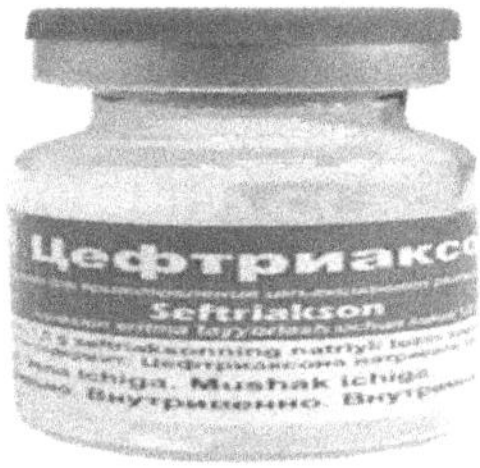

1. Antibiotiklarning farmakologik tasnifi va ta’sir mexanizmi.

Antibiotiklar — mikroorganizmlarni yo‘q qilish yoki ularning o‘sishini to‘xtatishga qodir bo‘lgan

moddalar bo‘lib, ular tabiiy, yarim sun’iy yoki sintetik bo‘lishi mumkin. Ular quyidagi asosiy guruhlarga bo‘linadi:
-Penitsillinlar (masalan, Amoksitsillin;),
-Tsefalosporinlar (Ceftriaxone),
-Makrolidlar (Azitromitsin),
-Tetratsiklinlar,
-Fluorxinolonlar (Levofloksasin;),
Har bir guruh o‘zining ta’sir mexanizmi va spektriga ega. Masalan, beta-laktam antibiotiklar bakteriya hujayra devorini buzadi, fluoroquinolonlar esa DNK sintezini bloklaydi.
2. O‘zbekistonda antibiotiklardan foydalanish holati.
O‘zbekiston sog‘liqni saqlash tizimida antibiotiklar keng qo‘llaniladi, ammo ko‘p hollarda ularni:
-Retseptsiz olish,
-O‘zboshimchalik bilan dozani o‘zgartirish,
-Virusli infeksiyalarda noto‘g‘ri qo‘llash,
kabi holatlar uchramoqda. Bu esa xalq orasida antibiotiklarga nisbatan bakterial qarshilik paydo bo‘lishini tezlashtirmoqda.

Samarqand davlat tibbiyot universiteti darsliklarida ta’kidlanishicha, aksariyat bemorlar antibiotikni vrach maslahatiga tayanmasdan, do‘stlar yoki dorixonachilarning maslahatiga ko‘ra tanlaydi. Bu esa dorining optimal tanlanmasligi va mikrofloraning buzilishiga olib keladi.

3. Antibiotiklarga qarshilik: dolzarb muammo.

Dunyo bo‘yicha antibiotiklarga qarshilik eng xavfli epidemiologik tahdid sifatida e’tirof etilgan. O‘zbekiston sog‘liqni saqlash tizimi ham bu muammoga duch kelmoqda. Bakteriyalarni laborator tekshiruvsiz antibiotik bilan davolash quyidagi oqibatlarga olib keladi:

-Samarali antibiotiklar foydasiz holga keladi;

-Bemorlarda uzoq muddatli, qimmat davolanishga ehtiyoj paydo bo‘ladi;

Mutatsiyaga uchragan mikroorganizmlar orqali yangi xavfli shtammlar tarqaladi.

Bu haqda WHO (Butunjahon sog‘liqni saqlash tashkiloti) va O‘zbekiston SSV ogohlantirish xabarlarini chiqargan.

4. Qarshilikka qarshi kurash: taklif va tavsiyalar.

O‘zbekiston sharoitida antibiotiklarga nisbatan qarshilikka qarshi kurashish uchun quyidagi yondashuvlar muhim:

-Antibiotiklarni retsept asosida sotish tizimini kuchaytirish,

-Dorixonalarda nazoratni oshirish,

-Tibbiyot xodimlari va aholiga antibiotiklar haqida ma’rifat berish,

-Laborator diagnostikani kengaytirish,
-Antibiotiklar iste'molining statistik monitoringini yo'lga qo'yish,
Shuningdek, xorijiy tajribalarni, xususan, Antibiotic Stewardship Programs (ASP) kabi yondashuvlarni mahalliylashtirish foydali bo'ladi.

Xulosa.

Antibiotiklar — zamonaviy tibbiyotda ajralmas o'rin tutuvchi dorilar bo'lsa-da, ulardan noto'g'ri foydalanish oqibatida ularning samaradorligi yo'qolmoqda. O'zbekiston farmatsevtik tizimi bu muammoga qarshi qat'iy choralar ko'rishi zarur. Axborot texnologiyalari, retsept nazorati va kasbiy tayyorgarlikni oshirish orqali antibiotiklar xavfsiz va samarali tarzda qo'llanilishi mumkin.

Foydalanilgan adabiyotlar.

1. Umarova F.A. Farmakologiya asoslari. – Samarqand: SamMI, 2021.
2. Aliyev X.U., Allayeva M.J. Klinik farmatsiya. – Toshkent: TTA, 2011.
3. WHO: Antimicrobial Resistance Global Report, 2024.
4. O'zbekiston Respublikasi Sog'liqni saqlash vazirligi: Antibiotiklar bo'yicha normativ hujjatlar, 2023.

5. Mahmudjaoova K.S. Farmatsevtik texnologiya. – Namangan: NamDU, 2013

Paratsetamolning isitma tushiruvchi va og'riqni kamaytiruvchi ta'siri, undan xavfsiz foydalanish qoidalari.

Toshkent Alfraganus Universiteti
Tibbiyot fakulteti farmasevtika yo'nalishi
2-kurs talabasi Kocherova Umida.

Kirish: Paratsetamol (acetaminofen) — og'riqni kamaytiruvchi va isitmani tushiruvchi dorilardan biri bo'lib, dunyo bo'yicha eng ko'p ishlatiladigan dori vositalaridan hisoblanadi. Uni kattalar, bolalar va hatto homilador ayollar ham qo'llashi mumkinligi sababli, bu preparat farmakologiyada alohida o'ringa ega. Ushbu maqolada paratsetamolning farmakodinamikasi, farmakokinetikasi, xavfsiz dozalari, nojo'ya ta'sirlari va ehtiyot choralari ilmiy asosda yoritiladi.

1.Paratsetamolning farmakologik xususiyatlari

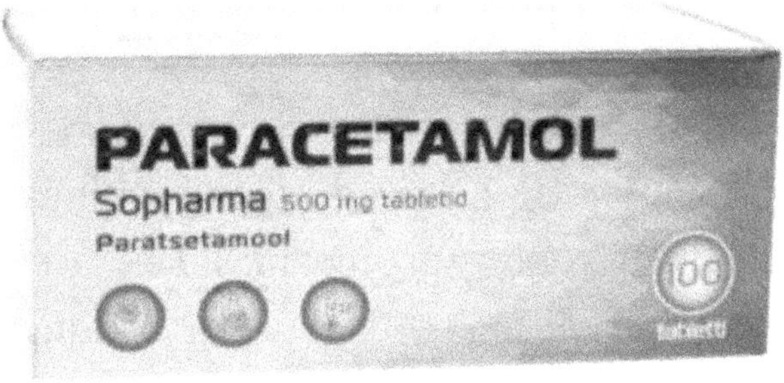

Paratsetamol og‘riqni kamaytiruvchi (analgetik) va isitmani tushiruvchi (antipiretik) vosita sifatida tanilgan. U garchi yallig‘lanishga qarshi samaraga uncha ega bo‘lmasa-da, markaziy asab tizimida joylashgan termoregulyatsiya markaziga ta’sir qilib, tana haroratini pasaytiradi. Bundan tashqari, og‘riq signallarining markaziy nerv tizimidagi uzatilishini inhibe qiladi.
Ushbu preparat non-steroid yallig‘lanishga qarshi dorilardan (NSAID) farqli ravishda, oshqozon-ichak tizimiga kamroq zarar yetkazadi, shuningdek qon ivishiga ta’siri yo‘q. Bu esa uni ba’zi xavf guruhiga mansub bemorlar uchun afzal qiladi.
Allayeva M.J. (2020) ta’kidlashicha, paratsetamol prostaglandinlar sintezini gipotalamus darajasida susaytirish orqali og‘riq va isitmani kamaytiradi,

biroq uning yallig'lanishga qarshi ta'siri minimal darajada.

2. Farmakokinetikasi

Paratsetamol og'iz orqali qabul qilinganda tez so'riladi. Qon plazmasida maksimal kontsentratsiyasiga odatda 30 daqiqadan 2 soatgacha bo'lgan muddatda erishiladi. U organizm bo'ylab keng tarqaladi, qon–miya to'sig'idan ham oson o'tadi. Preparat asosan jigar orqali metabolizatsiyalanadi va siydik orqali chiqariladi.

Mahsumov M.N. va mualliflar (2007) ma'lumotlariga ko'ra, paratsetamolning yarim chiqarilish davri sog'lom insonlarda taxminan 2–4 soatni tashkil etadi.

3. Qo'llanish ko'rsatmalari va dozalash

Paratsetamol isitma, bosh og'rig'i, tish og'rig'i, mushak og'rig'i va revmatik og'riqlarni yengillashtirishda ishlatiladi. U bolalarda ham keng qo'llaniladi.

Tavsiya etilgan dozalash:

Kattalar uchun: Bir martalik doza — 500–1000 mg; sutkalik maksimal doza — 4000 mg.

Bolalar uchun: Tana vazniga qarab 10–15 mg/kg har 4–6 soatda; sutkada 4 martagacha.

Mamadov Yu.M. va boshqalar (2010) qayd etishicha, paratsetamolning bolalar uchun xavfsiz dozasi tana vazniga asoslangan holda hisoblanadi va doza oshib ketganda jigar shikastlanishi xavfi ortadi.

4. Nojo'ya ta'sirlari va xavfli holatlar

Paratsetamol umuman xavfsiz deb hisoblanadi, ammo noto'g'ri dozada yoki uzoq muddat qabul qilinsa, u jigarni jiddiy zararlashi mumkin. Eng keng tarqalgan nojo'ya ta'sirlari:

Ko'ngil aynishi

Teri toshmalari (allergik reaksiya)

Gepatotoksiklik (jigar hujayralarining shikastlanishi)

Surunkali ravishda yuqori dozalarda qabul qilinganda jigar yetishmovchiligi, hatto o'lim holatlari ham qayd etilgan. Ayniqsa, alkogol ichimliklar iste'mol qiluvchi yoki jigar kasalligi bo'lgan bemorlar bu dorini ehtiyotkorlik bilan ishlatishi kerak.

Allayeva M.J. (2020) fikricha, paratsetamolni bir martalik 10–15 grammdan ko'p miqdorda qabul qilish jigar nekroziga olib kelishi mumkin.

5. Preparatning boshqa dori vositalari bilan o'zaro ta'siri

Paratsetamol boshqa dori vositalari bilan birga qo'llanilganda ba'zi hollarda salbiy ta'sirlar kuchayishi mumkin:

Antikoagulyantlar (masalan, varfarin): qon ketish xavfini oshiradi.
Jigar fermentlarini induktsiyalovchi dorilar (rifampisin, fenitoin): toksik metabolitlar hosil bo'lishini kuchaytiradi.
Alkogol: jigar shikastlanishi xavfini bir necha baravar oshiradi.
6. Paratsetamol bilan zaharlanish holatlari
Zaharlanish holatlari odatda bir martalik 7,5–10 grammdan ko'p doz qabul qilinganda kuzatiladi.
Asosiy belgilari quyidagilardan iborat:
Dastlab: ko'ngil aynishi, qusish, qorin og'rig'i
Keyin: jigar fermentlarining oshishi, ko'zlar sarg'ayishi (sariqlik), hushdan ketish
Davolash: Zaharlanish aniqlanganda me'da yuvish, faollashtirilgan ko'mir berish va N-asetilsistein antidoti yuboriladi. Bu modda toksik metabolitlarni zararsizlantirishga yordam beradi.
Mahsumov M.N. va mualliflar (2007) ta'kidlaydilar: paratsetamol zaharlanishining ilk bosqichlarida tezkor choralar ko'rilsa, jigarni to'liq tiklash mumkin.
Xulosa: Paratsetamol — xavfsiz, samarali va ommaviy dori vositasi hisoblanadi. Uni to'g'ri dozalarda va shifokor nazoratida qo'llash tavsiya etiladi. Jigar faoliyatida muammo bo'lgan bemorlar, bolalar va keksa yoshdagi kishilar

uchun ehtiyotkorlik zarur. Bugungi kunda farmakologiya sohasida paratsetamolning o'rni yuksak bo'lib, u ko'pchilikning kundalik hayotida doimiy ishlatiladigan dorilar sirasiga kiradi.

Foydalanilgan adabiyotlar.

1. Mahsumov M.N., Aliyev X., Odilov M.A., Musayeva N.A.
Farmakologiya asoslari. — Toshkent: Ilm-Ziyo, 2007.
2. Mamadov Yu.M., Xo'jamberdiev M.A., Mamatov V.Yu.
Klinik farmakologiya. — Toshkent: Turon-Iqbol, 2010.
3. Allayeva M.J.
Farmakologiya. — Toshkent: Hilol Media, 2020.

Dorivor o'simliklar asosida tayyorlangan preparatlarning ustunliklari.

Toshkent Alfraganus Universiteti
Tibbiyot fakulteti farmasevtika yo'nalishi
2-kurs talabasi Kocherova Umida

Kirish: Dorivor o'simliklar insoniyat tomonidan qadimdan davolash maqsadida ishlatilgan bo'lib, zamonaviy farmatsevtika fanida ular asosida preparatlar ishlab chiqarish tobora kengayib bormoqda. Dorivor o'simliklardan olinadigan moddalar organizmga tabiiy mosligi, kamroq nojo'ya ta'siri va ekologik xavfsizligi bilan ajralib turadi. Ushbu maqolada dorivor o'simliklar asosida tayyorlangan preparatlarning afzalliklari, ularning farmakologik xususiyatlari, zamonaviy qo'llanilishi va xalq tabobatidagi o'rni haqida so'z boradi.

1. Dorivor o'simliklarning tarixiy va ilmiy asoslari

Dorivor o'simliklar qadim zamonlardan beri xalq tabobatining ajralmas qismi bo'lib kelgan. Sharq tabobatida, xususan Abu Ali ibn Sino asarlarida yuzlab dorivor o'simliklar keltirilgan. Zamonaviy fan bu bilimlarni ilmiy asoslab, o'simliklardan ajratilgan faol moddalar asosida dorilar yaratmoqda.

Mahsumov M.N. va boshqalar (2007) qayd etishlaricha, o'simliklar tarkibidagi alkaloidlar, glikozidlar, efir moylari va flavonoidlar farmakologik jihatdan faol komponentlar bo'lib, ular turli kasalliklarda ishlatiladi.

2. Tabiiy preparatlarning afzallik jihatlari

Dorivor o'simliklardan tayyorlangan preparatlar bir qancha jihatlar bilan sun'iy sintez qilingan dorilardan ustundir:

✔Kam nojo'ya ta'sirlar:

Tabiiy preparatlar odatda organizmga mos tushadi, ular allergik reaksiyalar yoki toksik ta'sirlar kam hollarda kuzatiladi.

✔Ekologik tozaligi:

O'simliklar tabiiy muhitda o'sgani bois, ularni qayta ishlashda zaharli moddalardan foydalanilmaydi.

✔Keng ko'lamli terapevtik ta'sir:

O'simlik preparatlari ko'pincha polikomponent bo'ladi, ya'ni bir nechta faol moddalarni o'z ichiga oladi. Bu esa bir vaqtning o'zida bir necha tizimlarga ijobiy ta'sir ko'rsatish imkonini beradi.

Allayeva M.J. (2020) darsligida keltirilishicha, dorivor o'simliklardan tayyorlangan preparatlar murakkab tarkibga ega bo'lib, bu ularni organizmda ko'p qirrali terapevtik ta'sir ko'rsatishiga sabab bo'ladi.

3. O'zbekiston farmatsiyasida dorivor o'simliklar roli

O'zbekistonda dorivor o'simliklar asosida dorilar ishlab chiqarish keng rivojlanmoqda. Masalan:

Gippokrat (melissa ekstrakti asosidagi tinchlantiruvchi vosita),

Fitosed (valeriana va motherwort ekstraktlari asosida),

Gastrofit, Urolesan va boshqa kombinatsiyalangan fitopreparatlar mahalliy ishlab chiqaruvchilar tomonidan yaratilgan.

Mamadov Yu.M. va boshqalar (2010) yozganidek, mahalliy farmatsevtika korxonalarining fitopreparatlarga bo'lgan qiziqishi yuqori, chunki talab ortib bormoqda.

4. Xalq tabobatidagi qo'llanilishi

Ko'plab dorivor o'simliklar hanuzgacha xalq tabobatida keng ishlatilmoqda:

Choyshira (menta) — asab tizimi uchun foydali;

Qalampir (capsicum) — qon aylanishini yaxshilaydi;

Zira, romashka, zanjabil — ovqat hazm qilish faoliyatini yaxshilaydi.

Bugungi kunda ilmiy izlanishlar ularning ta'sirini isbotlab bermoqda, bu esa ularni rasmiy tibbiyotda ham qo'llashga asos bo'lmoqda.

5. Dorivor o'simliklar asosidagi dori vositalarining cheklovlari

Biroq, dorivor o'simliklardan tayyorlangan dorilarni har doim ham zararli ta'sirsiz deb bo'lmaydi:

Har bir o'simlikning ham to'g'ri dozasi va tayyorlanish usuli mavjud;

Ba'zilarining ta'siri sekin boshlanadi;

O‘zaro ta’sir xavfi mavjud (xususan, boshqa dorilar bilan).
Shuning uchun ularni ham shifokor tavsiyasi bilan qabul qilish muhim.
Xulosa:Dorivor o‘simliklar asosida tayyorlangan preparatlar tabiiyligi, kam nojo‘ya ta’siri va ekologik xavfsizligi bilan ajralib turadi. Zamonaviy tibbiyotda ularni keng qo‘llash ilmiy asoslangan bo‘lib, bu dori vositalarining samaradorligini tasdiqlaydi. Shunga qaramay, ularni ham mas’uliyat bilan va dozalashga qat’iy rioya qilgan holda ishlatish zarur.
Foydalanilgan adabiyotlar.
1. Mahsumov M.N., Aliyev X., Odilov M.A., Musayeva N.A.
Farmakologiya asoslari. — Toshkent: Ilm-Ziyo, 2007.
2. Mamadov Yu.M., Xo‘jamberdiev M.A., Mamatov V.Yu.
Klinik farmakologiya. — Toshkent: Turon-Iqbol, 2010.
3. Allayeva M.J.
Farmakologiya. — Toshkent: Hilol Media, 2020.

Alfraganus mening tanlovim.

Men bugun orzu qilgan, qalbimda yillar davomida ulg'aytirgan eng katta niyatimga sodiq qolib, Toshkentdagi Alfraganus Universitetini tanlaganimdan behad faxrlanaman. Hozirda uchinchi bosqich talabasi sifatida shuni ishonch bilan aytishim mumkinki, bu dargoh nafaqat mening, balki minglab yoshlarning kelajagi uchun yorqin nur sochayotgan bilim maskanidir.

"Bilim – boylik, hunar – zebu ziynat" deydilar. Darhaqiqat, Alfraganus Universitetida ilm olish, mahorat orttirish, o'z qobiliyatini yuzaga chiqarish uchun barcha sharoitlar mavjud. Kutubxonalari bilim ummoni, oshxonasi qulaylik maskani, zamonaviy kompyuter xonalari, teatr zallari – barchasi talabalar uchun xizmat qiladi. Har bir o'quv xonasi zamonaviy texnologiyalar – televizor va konditsioner bilan ta'minlangan. Ustozlar esa haqiqiy ma'naviyat chiroqlari bo'lib, sifatli ta'lim berishga jon kuydiradilar. Universitetda tibbiyot, iqtisod, pedagogika, ijtimoiy fanlar kabi turli sohalar bo'yicha fakultetlar mavjud bo'lib, bu esa har bir yoshning o'z yo'lini topishiga, o'z iste'dodini yuzaga chiqarishiga keng imkoniyat yaratadi. "Tartib – intizomda baraka", deydilar. Alfraganus Universitetida tartib va intizomga alohida e'tibor berilishi ham shuni yana bir bor isbotlaydi.

Bugun bu universitet ko'plab davlatlar bilan shartnomalar tuzib, xalqaro miqyosda o'z nufuzini oshirib kelmoqda. Shubhasiz, u Toshkentdagi eng nufuzli xususiy universitetlardan biri sifatida munosib o'rin egallagan.

Shuningdek, bu yerda talabalar tashabbuskorlik va yetakchilikni o'rganishlari uchun "Talabalar o'z-o'zini boshqarish akademiyasi" tashkil etilgan. Bu akademiya turli faol klublarni o'z ichiga oladi va yoshlar uchun chinakam hayot maktabi bo'lib xizmat qiladi.

Men bu universitetni tanlashimda adashmadim. Aksincha, Alfraganus – mening orzularimni ro'yobga chiqargan dargoh bo'ldi. Bu yerda o'zimni lider sifatida kashf qildim, ilmiy maqolalar yozdim, konferensiyalarda qatnashdim, ijodiy asarlarim gazeta va jurnallarda chop etildi. "Ilm bilan dunyo yorishar, qalb bilan inson" deganlaridek, bu maskan mening qalbimni ham, kelajagimni ham nurafshon qildi. Ochilmagan qirralarimni, yashirin qobiliyatlarimni ham aynan shu universitet kashf qilib berdi. Shu boisdan men Universitetimiz rektoriga, matbuotda jonbozlik bilan mehnat qilayotgan ustozlarimga, ilmiy rahbarlarimga o‘z minnatdorchiligimni cheksiz izhor qilaman.

Men faxr bilan aytaman: Alfraganus Universiteti – orzularni ro‘yobga chiqaradigan maskan! Sizlarni ham chin dildan shu ilm dargohini tanlashga taklif qilaman. Chunki "To‘g‘ri tanlov – yorug‘ kelajak garovi."

Kocherova Umida Anvarovna

Alfraganus Universiteti jo’shqin hayotidan lavhalar.

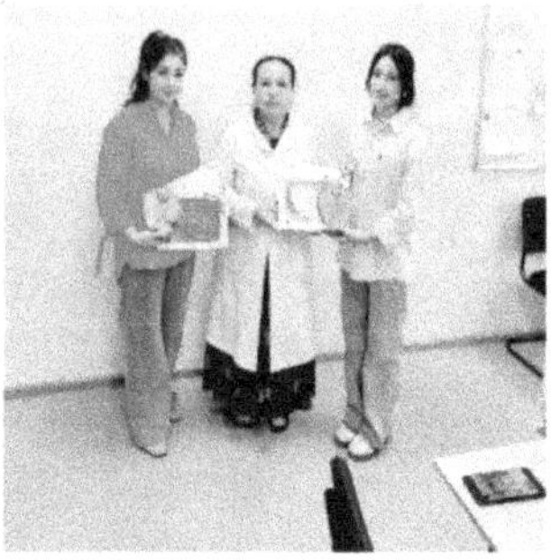

UNIVE

SERTIFIKAT

SERTIFIKAT

@afu_pharm_infinity
Liderlari
Farmasevtika va kimyo
kafedrasi

ORANJEREYA

SERTIFIKAT
SERTIFIKAT

67 / 74

DIPLOM
DIPLOM

ALFRAGANUS

E'tiboringiz uchun rahmat!

Mundarija

Kocherova Umida Anvarovna Toshkent viloyati Angren shahar Obliq qo'rg'oni Do'stlik ko'chasi 102-xonadonda tavallud topgan. 2012-yil makatabni imtiyozga tamomlagan. 2015- yil Tibbiyot kollejini a'lo baholarga bitirgan. 2023-yil Toshkent Alfrganaus Universitetga qabul qilindi. Hozirda 2025-yil Kocherova Umida Anvarovna Toshkent shahar Alfrganus Universiteti Tibbiyot fakulteti Farmasevtika yo'nalishida 3-kurs talabasi bo'lib tahsil olmoqda.

www.ingramcontent.com/pod-product-compliance
Lightning Source LLC
LaVergne TN
LVHW010814051026
849532LV00007B/2539